Poznaj swój głos

Aneta Łastik

Poznaj swój głos

WYDAWNICTWO
Studio
Emka

Projekt okładki
Artur Majka

Redaktor
Liliana Mieszczańska

Warszawa 2002, 2009, 2010, 2011, 2014

Informacji udziela:
Wydawnictwo Studio EMKA
ul. Królowej Aldony 6, 03-928 Warszawa
Tel./fax (22) 628 08 38, 616 00 67
wydawnictwo@studioemka.com.pl
www.studioemka.com.pl

ISBN 978-83-88607-28-8

Skład i łamanie
Agencja Reklamowa Polish Group Sp. z o.o.

Druk i oprawa
ABEDIK S.A.
www.abedik.com.pl

SPIS TREŚCI

Słowo wstępne

Dynamiczny rozwój gospodarki światowej nie byłby możliwy bez szybkiej wymiany informacji. Jej podstawę stanowi komunikacja głosowa używana w środkach masowego przekazu i telekomunikacji. Ostatnio znacznie wzrosło zainteresowanie problemami głosu.

Zwiększyła się liczba zawodów wymagających specjalnej jakości głosu; do tej grupy należą m.in.: śpiewacy solowi, chóralni, spikerzy, aktorzy, lektorzy radiowi i telewizyjni, a także nauczyciele, przedszkolanki, tłumacze symultaniczni, telefonistki i politycy. Większej niż przeciętna wydajności głosowej wymagają zawody wykonywane w środowisku, w którym panuje hałas, w jakim zwykli pracować np. prawnicy, wojskowi, księża, sprzedawcy i lekarze.

Nadmierny wysiłek głosowy, praca w niekorzystnych warunkach, w gwarnym lub klimatyzowanym pomieszczeniu, w ciągłym pośpiechu i stresie jest przyczyną różnego rodzaju zaburzeń głosu.

Jeżeli dolegliwość dotyka nauczyciela, adwokata czy aktora, może oznaczać zakończenie lub gwałtowne załamanie kariery. Ale nawet jeśli człowiek nie pracuje głosem profesjonalnie, utrata głosu, który jest środkiem ekspresji emocjonalnej i umożliwia kontakty osobowe, może doprowadzić do deprymującej izolacji.

Pacjenci skarżą się na niemożność bycia zrozumianym, zakłopotanie, brak wiary w siebie, unikanie spotkań towarzyskich, strach przed zwolnieniem z pracy, trudności w awansowaniu, przymus zmiany zawodu na taki, w którym nie ma potrzeby mówienia, unikanie mówienia, niemożność bycia usłyszanym w tłumie, lęk przed zawieraniem nowych znajomości, rezygnacja z wszelkiej aktywności społecznej, narażenie na ciągłe, męczące wypytywania: co ci dolega?

Problem jest tym większy, im bardziej głos jest związany z wykonywanym zawodem.

Istnieje wiele przyczyn zaburzeń głosu. Jackson&Jakson wymienia 60 chorób związanych z chrypką u dorosłych i 35 u dzieci.

W razie jakiegokolwiek zaburzenia głosu należy zwrócić się o poradę do foniatry w celu ustalenia rozpoznania, ponieważ większość tego typu dolegliwości wymaga leczenia, a następnie indywidualnego podejścia terapeuty wokalnego i własnego planu.

Należy pamiętać, że zarówno przy mówieniu, jak i śpiewaniu angażowane są te same mięśnie. Początki choroby często są nieuchwytne. Nie leczone zapalenie krtani może prowadzić do obrzęków, polipów czy guzków głosowych. Guzki powstają w wyniku nadmiernych, nieprawidłowych wysiłków głosowych. Są jak odciski na stopach tworzące się od długiego noszenia ciasnego obuwia. Jeśli zmienisz buty, otarcia znikną. Ale gdy ponownie założysz stare buty, one wrócą. Odpoczynek głosowy pozwoli głosowi poprawić się, jednak gdy zaczniesz mówić z dawnymi nawykami, choroba wróci. Dlatego właśnie ćwiczenia głosu i oddychania zmieniające przyzwyczajenia funkcjonalne mogą pomóc tam, gdzie nie pomoże trwale żadna kuracja medyczna ani odpoczynek głosowy.

Nie ma dwóch jednakowych przypadków. Podczas gdy jednemu pacjentowi wystarczy kilka dni, aby uzyskać poprawę głosu, innemu zabierze to wiele tygodni. Postępy zależą od rodzaju schorzenia, intensywności ćwiczeń i woli pacjenta do eksperymentowania z nowymi sposobami tworzenia dźwięków. Postępy pacjenta przy rehabilitacji głosu lub studenta przy nauce śpiewu wyznaczają kolejne etapy terapii. Ćwiczenia muszą być prowadzone „na ucho", ponieważ ucho ludzkie jest najlepszym analizatorem dźwięku.

Na początku terapia głosu jest białą kartą – trzeba ustalić za pomocą wywiadu rodzaj problemów, niejednokrotnie zmienić nawyki całego życia osób dotkniętych dolegliwością, wybrać ćwiczenia głosu i inne formy terapii.

Ponieważ zaburzenia głosu są różne, więc i techniki ćwiczeń są odmienne. Nauka śpiewu, ćwiczenia wokalne to proces odkrywania, co twój głos może zrobić dla ciebie. Jest to nie tyle kwestia nauczenia się, jak wytwarzać dźwięki, ile nauczenia się, aby dźwięki same się rodziły. Poprzez doświadczenie i ćwiczenia stajemy się świadomi tego, co się wydarza. Poprzez proces selekcji wzmacniamy to, co jest przyjemne i łatwe dzięki częstemu powtarzaniu.

Podsumowując, sądzę, że przedstawione w tej książce techniki ćwiczeń, praktyki i przemyślenia będą cennym wkładem w rozwój pedagogiki głosu. Dzięki kreatywnemu podejściu do pedagogiki pomogą szkolić nauczycieli, śpiewaków, a także ludzi, którzy z różnych powodów doznali zaburzeń głosu.

W książce tej są zawarte całe dekady praktyki Anety – wokalistki, Anety – pedagoga, i wiele udokumentowanych przypadków. Zawiera ona mnóstwo informacji przekazanych z perspektywy nauczyciela śpiewu, które są istotne dla śpiewaków i ich nauczycieli.

Książka ta będzie cennym uzupełnieniem biblioteki każdego nauczyciela śpiewu, śpiewaka czy profesjonalisty zajmującego się głosem.

dr Alicja Różak-Komorowska
foniatra

Czasem ściska nas coś w gardle, by nie dopuścić głosu serca do głowy lub vice versa.
Stanisław Jerzy Lec

Zanim na dobre zabiorę głos

Do napisania tej książki zainspirowało mnie przede wszystkim zetknięcie się w ciągu mojej wieloletniej praktyki z wieloma ofiarami tradycyjnych metod nauczania śpiewu, a także moje własne doświadczenie. Podam w niej kilka pomysłów do przemyślenia wierząc, że ułatwią one czytającemu znalezienie właściwej drogi do pracy nad głosem i nad sobą.

Przeszłam przez klasyczną szkołę śpiewu, uczącą techniki, która miała służyć świadomemu kontrolowaniu oddechu i głosu.

Kiedy po szkole muzycznej zaczęłam stawiać pierwsze kroki na scenie i gdy potem nagrałam pierwszą płytę, nie mogłam zrozumieć, dlaczego nie lubię swojego głosu i, mimo aplauzu słuchaczy, źle się z nim czuję. W szkole zadecydowano, że jestem sopranem (wręcz sugerowano, że może nawet koloraturą), podczas gdy ja najlepiej czułam się w dolnym rejestrze. Na szczęście chciałam być piosenkarką, a nie śpiewaczką, więc dano mi spokój. Drugim moim szczęściem było to, że skończyłam pięcioletnią szkołę w cztery lata, uczęszczając na czwarty i piąty rok jednocześnie, czym oszczędziłam sobie o rok ćwiczenia mojego „sopranu", który, po latach, okazał się mezzosopranem! Gdy pracowałam już w zawodzie piosenkarki, zdarzało mi się udzielać doraźnej pomocy piosenkarzom i aktorom, gdy mieli trudności z wykonaniem jakiegoś utworu lub – to najczęściej – zaśpiewaniem wysokiego dźwięku. Zajęta występami nie miałam wiele czasu na systematyczne uczenie kogokolwiek (z wyjątkiem okresu, gdy pracowałam w Studiu Piosenki). Podczas tych krótkich (jedno-, dwudniowych lub dwutygodniowych) sesji pedagogicznych osiągałam zadziwiające nawet dla mnie samej rezultaty. Zaczęłam się nad tym zastanawiać i doszłam do wniosku, że sekret kryje się w mojej postawie wobec ludzi, w wierze w ludzkie możliwości. Często stwarzałam sytuacje, w których uczeń nieświadomie osiągał „nieosiągalne", by potem móc świadomie z tego doświadczenia korzystać. Gdy znalazłam się we Francji, dostałam pracę asystentki u nauczycielki śpiewu. Była ona autorką nowej metody szkolenia śpiewaków, polegającej na wykonywaniu szeregu ćwiczeń gimnastycznych, przede wszystkim twarzy, szczęki i języka. Niewiele rozumiałam z medycznych wyjaśnień metody, bo wtedy moja znajomość języka francuskiego równała się zeru (posługiwałam się głównie angielskim). Kiedy wraz z upływem czasu (po nabyciu lepszej znajomości języka i doświadczeń z uczniami) stwierdziłam, że nawet całkowite opanowanie metody nie dawało uczniowi umiejętności śpiewania, porzuciłam tę pracę. Powróciłam do moich dawnych pomysłów i jednocześnie zaczęłam szukać nowych sposobów nauczania. Zaprzyjaźniony muzyk znalazł dla mnie – w Stanach Zjednoczonych – książki, które potwierdziły moje przeczucia na temat roli psychiki w pracy nad głosem. Zaczęłam od stosowania metody Kristin Linklater, opisanej w książce *Freeing the natural voice*, a potem korzystałam również z doświadczeń innych profesorów, najczęściej pochodzących z Anglii i USA.

Stało się dla mnie jasne, że gdy traktuje się głos jako zjawisko będące wyłącznie wynikiem konkretnej pracy mięśni, odrywając go od jego „właściciela", czyni się go nieciekawym, podobnym do całej masy innych głosów (pewnie stąd liczne sceny operowe, teatralne czy estradowe pełne są pustosłowia i pustodźwięków). Powtórzę za Corneliusem L. Reidem:
głos jest przedłużeniem osoby, a więc:

GŁOS = OSOBA

Każdemu z nas znane są sytuacje z życia, w których głos zdradza nasz prawdziwy stan emocjonalny. Na przykład gdy mamy problemy z zaśpiewaniem wysokich dźwięków (w ramach posiadanej skali); gdy gardło się zamyka lub nie potrafimy utrzymać długiej frazy, najczęściej oznacza to, że blokujemy naszą agresję, złość. Przecież w kłótni jesteśmy w stanie niebywale długo wytrzymać oddech wydobywając z siebie głośne, wysokie dźwięki! Wynika to z tego, że w sytuacji, w której głos jest środkiem wyrazu naszych prawdziwych uczuć, używamy go bez trudu. Natomiast gdy głos jest obiektem samym w sobie, oderwanym od naszego ciała i od naszych potrzeb komunikowania uczuć, natrafiamy na trudności w emisji. Pomyślmy, co znaczą określenia, że ktoś śpiewał: „z duszą", „sercem" lub „bez serca" itp. Gdy odpowiemy na te pytania, stanie się jasne, że jednym z podstawowych celów w pracy z głosem jest uwalnianie i wyrażanie uczuć. W tym celu proponuję traktować głos tak, jakby to było dziecko – zaakceptować go takim, jaki jest, i w ten sposób pozwolić mu się rozwijać. W wielu terapiach spotkać się można z terminem „wewnętrzne dziecko".

W moim rozumieniu określenie „wewnętrzne dziecko" jest synonimem naszego dzieciństwa, a wraz z nim naszych emocji i odruchów wyrobionych od pierwszych dni naszego życia.

Na pomysł pracy Z DZIECKIEM wpadłam przez przypadek, gdy szukałam sposobu na wyjaśnienie uczennicy, jak ma uniknąć forsowania głosu. Przyszło mi wtedy do głowy, żeby zaproponować jej traktowanie głosu tak, jakby to było dziecko, do którego trzeba mieć cierpliwość. Pracując z nią w tym duchu, pilnowałam, by dała temu DZIECKU = głosowi c z a s na rozwój, nie „popychała go", nie krytykowała. Dosyć szybko zaczęła mieć pozytywne wyniki i to nie tylko głosowe, bo analogie z życiem i wewnętrznymi problemami same się nasuwały. Występująca u niej niecierpliwość wobec głosu, wobec samej siebie była odzwierciedleniem zachowań jej mamy wobec niej, gdy nie uzyskiwała natychmiastowych rezultatów pracy!

Szukając własnego głosu szukamy siebie, swojego prawdziwego „ja", kontaktu z wewnętrznym dzieckiem.

Aktor czy śpiewak musi umieć otworzyć się, dać DZIECKU głos, nie bać się swoich uczuć. Gdy mówię o daniu DZIECKU głosu, mam na myśli również mówienie do n i e g o na głos.

Praca nad głosem jest bardzo intymną pracą, wymaga zatem właściwej atmosfery, w której uczeń nie czuje się cenzurowany i w związku z tym może sobie pozwolić nawet na śmieszność – bez ryzyka, że będzie wyśmiany. Wtedy tylko, wraz z nauczycielem, uczeń będzie mógł szukać drogi do uwolnienia, rozwinięcia swojego głosu i wypracować technikę wokalną opartą na jego własnej percepcji odczuć związanych ze śpiewem. Przypominam, że w pracy tej chodzi o zdobycie coraz większej świadomości siebie samego.

Głos jest papierkiem lakmusowym wskazującym stan psychiczny człowieka.

Ci, którzy nie lubią swojego głosu, najczęściej nie lubią samych siebie.

Praca z głosem i oddechem jest zaglądaniem w głąb siebie, w nasze zablokowania. To często wywołuje strach. A pierwszym odruchem na strach jest zatrzymany (zamknięty) oddech, a w związku z tym zaciśnięte gardło, szczęki, dół brzucha i pośladki. Dlatego też pierwszym etapem pracy jest opanowanie umiejętności rozluźniania mięśni.

Trudno sobie wyobrazić większe zło dla twórczości niż skurcze mięśni i zahamowanie organizmu. Jeżeli dotknięty jest tym organ głosu, ludzie o najpiękniejszym z natury głosie zaczynają chrypieć, rzęzić lub wprost tracą zdolność mówienia.

Konstantin S. Stanisławski

Głos i jego „właściciel" to jedno i to samo. Powtórzę: gdy mamy problemy z głosem – mamy problemy z sobą. Dobre podręczniki metodyczne o nauce śpiewu o tym wspominają, ale się tym nie zajmują. Chciałabym właśnie na tę część położyć akcent.

Głos jest środkiem komunikacji z innymi, a także z sobą samym – słowo mówione do siebie na głos przybiera inną formę niż to, które zostało wyłącznie pomyślane.

A co my takiego komunikujemy naszym głosem, poza treścią, którą wyrażają słowa? Słuchając po raz pierwszy czyjegoś głosu uzyskujemy pewne wyobrażenie o osobie mówiącej, o jej wyglądzie, wzroście, płci, wieku, charakterze.

Bywa, że wyrobione na podstawie głosu pojęcie o człowieku nie odpowiada jego prawdziwemu wyglądowi. Na przykład słyszeliśmy dziecięcy, piszczący głosik – a mamy przed sobą dorosłą kobietę. Czy też dobiegł nas słaby głos chłopca – a mamy przed sobą dorosłego mężczyznę lub odwrotnie. Jest to często znak wewnętrznego konfliktu danej osoby.

Gdy niski człowiek ma potężny głos, może to być oznaką człowieka o silnej osobowości albo takiego, który „broni się" głosem lub ukrywa swoje słabości, lękliwość.

Znam aktora, który próbuje „powiększyć się" głosem (nadając mu bardzo niską barwę) i przyjmując wyzywającą postawę ciała.

Osoby, które mają piszczący głos, najczęściej go nie lubią. Przyszła kiedyś do mnie tancerka, której jazgotliwy głos był nie do wytrzymania. Ludzie unikali z nią kontaktu z tego właśnie powodu. Głos odziedziczyła po mamie. Ponieważ nie lubiła go, postanowiła zamilknąć i oddać się tańcowi. Jednak po pewnym czasie trudności w komunikacji z innymi i nieudane życie osobiste zmusiły ją do poszukiwania wyjścia z tej sytuacji. Zaczęła brać lekcje śpiewu. Dzięki pracy nad akceptacją swojego głosu i używaniem go nie tylko do krzyku (jak to czyniła jej mama), ale także do wyrażania nim ciepłych uczuć, stopniowo głos jej łagodniał i tracił swoją nieprzyjemną ostrość. Nie obeszło się, naturalnie, bez poruszenia i przeanalizowania kwestii jej wzajemnych stosunków z matką.

Głosem możemy oczywiście również manipulować.

Wilk z bajki o Czerwonym Kapturku musiał ubrać się nie tylko w ubranie babci, ale także w jej głos!

W zależności od tego, jakie chcemy wywrzeć na kimś wrażenie, taki dobieramy (najczęściej nieświadomie) głos. Inaczej rozmawiamy z osobą, od której wiele zależy, inaczej z człowiekiem, którego sytuacja zależy od nas. Można to łatwo zaobserwować w pracy, w domu czy w układach miłosnych. Także bardzo często wobec lekarza przyjmujemy głos i zachowanie dziecka, które niewiele rozumie i zdaje się całkowicie na jego werdykt.

W szpitalach pielęgniarki czy salowe zwracają się do chorych, jakby to były dzieci. Te sytuacje zależności, kiedy nasze życie jest w czyichś rękach, automatycznie przywracają nam głos i zachowania małego dziecka. Zmieniamy głos w celu osiągnięcia konkretnego celu. Oglądałam dokument o nakręconych ukrytą kamerą zachowaniach opiekunek do dzieci, które w obecności pani domu miały delikatny, budzący zaufanie głos, a gdy tylko zostawały sam na sam z dzieckiem, ich głos i oczywiście zachowanie ulegały całkowitej zmianie. Każdemu z nas zdarza się odłożyć na później wykonanie bardzo dla nas ważnych telefonów, bo nie czujemy się dobrze. Wiemy lub czujemy, że będzie nam brakowało w głosie tego czegoś, czego potrzebujemy, by na przykład zostać wysłuchanym i załatwić sprawę. Czekamy wtedy na lepsze samopoczucie, kiedy nasz głos oznajmi słuchaczowi, że mamy wiarę w siebie i wiemy, czego chcemy. Często też staramy się nie dać poznać po głosie, że czujemy się niedobrze, że nasze sprawy stoją nie najlepiej. Jest to oszukiwanie głosem, w dobrym czy złym celu.

Dzieci bardzo lubią bawić się głosem, udawać kogoś innego. Zdarza mi się oglądać z dziećmi „Małą Syrenkę" Disneya. Dzieciom czasem łatwiej niż dorosłym dotrzeć do głębi informacji zawartych w bajkach, oczywiście pod warunkiem że dorosły, z którym rozmawiają, umie naprowadzić je na to pytaniami. Gdy omawiam z dziećmi tę bajkę, tak mniej więcej wygląda dialog: „Dlaczego królewicz nie chciał poślubić Syrenki?". Odpowiedź brzmi: „Bo nie wiedział, że to ona jest tą, którą pokochał i która go uratowała". „A dlaczego jej nie poznał?" – pytam. – „Bo nie mogła wydobyć z siebie głosu". „A więc co się dalej stało?" – drążę. „Królewicz chciał poślubić czarownicę, bo ona miała głos Syrenki". „Czyli poznał Syrenkę nie po wyglądzie, ale po głosie, co więc z tego wynika?" – dociekam. Odpowiedź zawsze jest jednoznaczna, że nie wolno oddawać swojego głosu nawet za największe skarby (Syrenka w zamian za głos otrzymała nogi i wyglądała jak normalna kobieta). Po takiej rozmowie gratuluję dzieciom trafnej odpowiedzi i wyjaśniam, że oddanie komuś swojego głosu jest równoznaczne ze zrezygnowaniem z siebie, a tego na pewno nie wolno robić, za żadną cenę.

„Przebieranki" głosu możemy nazwać również przebieraniem się DZIECKA.

Podam parę przykładów na to, jak rozpoznać przebranego za dobrą babcię wilka (patrz: bajka o Czerwonym Kapturku).

Dziewczyna, o której w podawanych dalej przykładach będę jeszcze pisać, całe dzieciństwo c z e k a ł a na miłość rodziców, na to, by się nią zainteresowali. (Chcę tu podkreślić, że oczekiwanie jest stanem charakterystycznym dla dziecka, dziecko bowiem nie jest w stanie zapewnić sobie tego, czego mu brak, może jedynie czekać). W jej domu, na przykład, jedynym elementem komunikacji były pieniądze i ten schemat powtórzyła w swoim małżeństwie, w którym mąż podobnie jak jej ojciec, w zamian za duże pieniądze, żądał posłuszeństwa. Między innymi zabraniał jej pobierania lekcji śpiewu. Po uzyskaniu niezależności (w wyniku intensywnej pracy nad sobą) podjęła decyzję o znalezieniu sobie pracy, która sprawi jej przyjemność. Słusznie. Zdecydowała się pracować przy dubbingu. Wydawałoby się, że już wszystko jest w porządku. Tymczasem to tu właśnie DZIECKO „przebrało się" za dorosłego i w ten sposób powróciło do dzieciństwa. By zrozumieć, co mam na myśli, trzeba w dialogu z DZIECKIEM posunąć się o parę kroków dalej, czyli – w przytoczonym przykładzie – wspomniana kobieta nie powinna była zatrzymać się na argumentach DZIECKA, że wreszcie będzie robiła to, co sprawia jej przyjemność, i dostanie godziwą zapłatę, ale na innym aspekcie tej pracy, czyli na c z e k a n i u na telefon, na ofertę. Teraz łatwiej zauważymy, że osoba ta „wróciła" do domu. Osoby z podobnym problemem nie powinny wykonywać wolnego zawodu, gdyż wyczekiwanie wymaga dużej odporności. Jednym z rozwiązań, jakie jej zaproponowałam, było znalezienie innej, stałej pracy i potraktowanie tej wymarzonej jako dodatkowej, jako hobby.

Inny przypadek to młody człowiek o pięknym głosie, który ma wszystkie dane, by zrobić karierę. Jego matka przez całe dzieciństwo i okres młodzieńczy szermowała zarówno komplementami – że jest genialny, wspaniały, jak i inwektywami, typu „idiota", „zero" itp. By umożliwić sobie zrobienie kariery, musiał uwolnić się od matki i od uczucia, że cokolwiek w tej sprawie robi, jest dla niej lub z jej powodu. Nauczył się milczeć, czyli n i e informować matki o swoich artystycznych poczynaniach. Zaczął ćwiczyć głos, znalazł kompozytora i przystąpił do przygotowywania repertuaru. Nagle ma okazję zapisać się na kurs teatralny, o którym kiedyś marzył. Wobec tego decyduje się przerwać swoje śpiewanie na dwa miesiące w celu doskonalenia się, argumentując, że i to się przyda na scenie (dodam, że ma już ponad trzydzieści lat). Argument, owszem, słuszny, tyle tylko, że opóźnia, a może i uniemożliwia karierę piosenkarską. Chociażby dlatego, że kompozytor, który już tyle czasu pracował z nim nad repertuarem, może

– zniechęcony – odwrócić się i zaniechać dalszej współpracy (nasz śpiewak już wielokrotnie zatrzymywał się „pięć przed dwunastą"). W takiej sytuacji trzeba, jak przystało na prawdziwego rodzica, zabronić DZIECKU kursu teatralnego i zmusić do doprowadzenia do końca raz podjętego działania – co w tym wypadku będzie całkowitą nowością, czyli prawdziwą edukacją dziecka.

W pracy z sobą jest taki moment, kiedy szaleje w nas niewyżyty w dzieciństwie narcyzm – z dziecinnym argumentem „ja chcę" należy bardzo uważać. Artyści powinni pamiętać, że ich zawód daje im cudowną szansę świadomego realizowania narcystycznych uczuć. A że wchodzimy obecnie w epokę całkowitego skupienia się na swoim pępku w najgorszym tego słowa znaczeniu i łatwo jest się zgubić, musimy nauczyć się radzić sobie z tymi uczuciami. Uczuciom narcystycznym należy poświęcić dużo miejsca w pracy z sobą, nauczyć się je kontrolować i używać ich tak, by nie determinowały poważnych decyzji życiowych. Na przykład jeśli nie zrealizowane w dzieciństwie uczucia narcystyczne są j e d y n y m powodem wyboru zawodu artysty, to lepiej od razu zmienić zawód. W pierwszym etapie pracy z sobą, a więc i w pracy z uczuciami narcystycznymi, realizuje się (w miarę możliwości) to, na co DZIECKO ma ochotę, potem zaś następuje uczenie g o doroślenia i rozważnego osiągania tego, o czym o n o marzy – zatem nic już nie musi się stać n a t y c h m i a s t, jakby tego chciało DZIECKO.

W pracy z sobą trzeba uważać, żeby nie pozostać za długo na etapie narcystycznym, w samozachwycie i oczekiwaniu, że świat powinien się kręcić wokół nas. Nasze życie i przeszłość nikogo oprócz nas nie obchodzą – to my mamy zająć się DZIECKIEM, ucząc je żyć z innymi.

O narcyzmie wiele już napisano, więc nie będę się nad tym tematem zatrzymywać, powtórzę tylko, że jest bardzo ważne, byśmy jako idealni rodzice tego DZIECKA umieli odpowiedzieć na jego nie zrealizowane potrzeby i pokierować nim. To właśnie w zdaniach: „ja tego chcę" lub „nie chcę", „to mi się podoba, a to nie podoba" i temu podobne, wyraża się DZIECKO. Podkreślam, iż nie chcę przez to powiedzieć, że naszych chęci nie trzeba brać pod uwagę, wręcz przeciwnie. Ale muszą im towarzyszyć dalsze pytania i przemyślenia, które pozwolą podjąć dorosłą decyzję, w której chęć czy niechęć nie odgrywają głównej roli. Warto pamiętać, że i w naszych chęciach i niechęciach możemy odnaleźć „zaprogramowanie" z dawnych czasów i że nie zawsze jest to nasza prawdziwa reakcja. Często słyszę od kobiet, że pod wieczór są tak strasznie zmęczone, iż nic już tego dnia nie zrobią. Ich głos potwierdza ich stan. Najczęściej takiej zmęczonej młodej kobiecie zadaję pytanie – co by było, gdyby teraz, w tej chwili, zadzwonił do niej uroczy, atrakcyjny mężczyzna i zaprosił na kolację? Najczęściej na jej twarzy pojawia się uśmiech i znika, manifestowane przed chwilą, zmęczenie. Wyłapując ten moment, pytam – czy jej matka była osobą, która dużo pracowała i wieczorami była bardzo zmęczona? Odpowiedź, jak dotąd, zawsze była twierdząca. Otóż, aczkolwiek to prawda, że w tym momencie kobieta odczuwa zmęczenie, dzieje się tak jednak głównie dlatego, że tak nauczyła się od swojej mamy reagować na pracę i trudy życia. Pracując z sobą, może tę tendencję zmodyfikować.

Innym narcystycznym poczuciem jest przekonanie, że jestem „naj" – najlepsza (y), najwspanialsza (y) itd.

Trzeba wtedy przypomnieć DZIECKU, że choć dla nas jest ono „naj...", ma wiedzieć o tym, że inni też są „naj...".

Praca nad głosem, którą proponuję uczniom, jest skierowana do tych, których pasjonuje poznawanie samego siebie (a przez to i innych) i którzy nie boją się wysiłku i zmian. Praca taka, jak wszelkie „zaglądanie" w siebie, wymaga odwagi i musi być wykonywana stopniowo. Rekompensatą za wysiłki jest przyjemność wynikająca z odzyskiwania poczucia własnej wartości i coraz większej wiary w swoje możliwości. Książka ta nie ma ambicji odegrania roli podręcznika (propozycje książek o pracy nad głosem czytelnik znajdzie na końcu). Nie będę podawać żadnej metody pracy nad głosem, między innymi dlatego, że z każdym pracuję inaczej. Natomiast przedstawię pewne stałe elementy pracy i ćwiczenia, które wydają mi się mało znane. Głównym celem tej książki jest zwrócenie uwagi na problemy związane z głosem, z jego kształtowaniem i, co za tym idzie, z kształtowaniem naszej osobowości.

ROZDZIAŁ I

Główne elementy pracy nad głosem

Bez oddechu nie ma życia

Lekcja jest okazją do eksploracji i znalezienia tego, co dla nas jest właściwe. A przewodnikiem jest nasze poczucie komfortu, łatwości i przyjemności. (...) Jeżeli traktujesz siebie z szacunkiem, na jaki zasługujesz, korzyścią, którą znajdziesz, będzie większa łatwość i sprawność, która może łatwo przekroczyć twoje oczekiwania i wyobrażenia.

Mosze Feldenkrais, *The master moves*

Nie ma nic groźniejszego dla aktora niż świadomość, że głos może zastępować emocje. Muszą te dwie rzeczy iść jednocześnie (...) człowiek, który ma dość kontroli nad głosem, by prezentować (konsekwentnie) „miły" ton – ukrywa wiele rzeczy, krótko mówiąc, trzeba spróbować otworzyć swój rozum na pojednanie uczucia z dźwiękiem i pozwolić im wzajemnie się stymulować.

Kristin Linklater, *Freeing the natural voice*

Pierwszym etapem pracy nad głosem jest poznanie własnego naturalnego rytmu oddychania, rozpoznanie napięć, zahamowań i nauczenie się rozluźniania, a także usprawniania słabych punktów ciała. Trzeba nauczyć się słuchania samego siebie. **Główne punkty napięć to: czoło, szczęki, gardło, język (często cofnięty tak, że blokuje gardło), ramiona, brzuch, pośladki**. Tu właśnie dotykamy bardzo delikatnej materii, ponieważ napięcia te zawsze związane są z przeżyciami z dzieciństwa. Więc „uwalnianie się" od napięć stwarza konieczność postawienia pod znakiem zapytania wielu „pewników" dotyczących nas samych i domu, z którego pochodzimy, oraz sprawdzenia etykietek, jakie nam w dzieciństwie przylepiono.

Najpierw będziemy musieli zapoznać się z naszym oddechem. Przypominam, że oddech zaczyna nasze życie, a jego brak je kończy. Dlatego też naukę trzeba zacząć nie od kontrolowania oddechu, ale od obserwowania go, w stanie rozluźnienia, by poznać jego naturalny rytm. Trzeba stopniowo nauczyć się mieć zaufanie do własnego ciała, to znaczy pamiętać, że nasz system nerwowy „zamawia" tyle powietrza, ile nam potrzeba do zrealizowania konkretnej akcji, a w tym do wyrażenia tego, co chcemy wyrazić. Jeśli człowiek nie wie, co chce przekazać, i wypowiada słowa, których do końca nie pomyślał, będzie miał problem z oddechem (w śpiewie wyraża się to tym, że śpiewający ma wrażenie, że braknie mu czasu na wzięcie oddechu). Nieraz wystarczy mieć bardzo dobrą dykcję, by oddech sam się wspaniale regulował – polecam ćwiczenie spółgłosek z korkiem w ustach. (Demostenes użył do tego kamieni). Chodzi o bardzo precyzyjne wymawianie sylab lub, na początek, samych spółgłosek.

Ciało, oddech człowieka reagują na zaistniałą w mózgu myśl. Weźmy na przykład każdemu z nas znaną sytuację, gdy nagle wydaje nam się, że zostawiliśmy w domu zapalony gaz lub zgubiliśmy klucze. W ciągu sekundy robimy się czerwoni, serce nam łomocze i jesteśmy w całkowitej panice. Zareagowaliśmy na myśl, a nie na faktyczną sytuację.

Logicznie rozumując, tak samo zareaguje nasze ciało na informację typu: *tego nie jestem w stanie zrobić, to mi się nie uda, tego nie dam rady zaśpiewać, mnie się nie da kochać.*

Nasze życie jest takim, jakim uczyniły je nasze myśli

Marek Aureliusz

Zatem pierwsze ćwiczenia oddechowe to piętnastominutowe relaksacje, które pozwalają obserwować oddech, a nie dyrygować nim! W czasie tych ćwiczeń uczymy się rozpoznawać nasze napięcia i szukamy coraz to nowych sposobów ich rozładowywania. Jak we wszystkim, tak i w tych ćwiczeniach trzeba być twórczym, to znaczy nie powtarzać tych samych technik rozluźniania się, tylko szukać nowych i wymyślać je. Celem jest, między innymi, nauczenie się oddychania ustami, z **rozluźnioną szczęką,** i p o z w o l e n i e ciału na pełny oddech (włączając w to brzuch i dół pleców). Na rozluźnienie szczęki jest wiele ćwiczeń: masowanie miejsc, w których znajdują się „zawiasy" szczękowe, lub w trakcie przełykania śliny jednoczesne zatrzymanie języka przy górnych zębach i opuszczenie dolnej szczęki; a potem puszczenie luźno języka, tak by opadł sam – a nie był położony. Potem można robić to ćwiczenie bez przełykania śliny. Wbrew pozorom nie jest to najłatwiejsze ćwiczenie, ale za to bardzo pożyteczne. Po pierwsze, uświadamia nam, do jakiego stopnia mamy napiętą szczękę, a także, że nasz język jest „przylepiony" do niej. By móc śpiewać, koniecznie trzeba uniezależnić język od szczęki, tak by potem nauczyć się go trzymać płasko przy dolnych zębach. Możemy zaobserwować, co robi język, gdy szeroko otworzymy usta przed lustrem. Najczęściej usuwa się w tył gardła, zamykając je i powodując, że mimo otwartych ust, co powinno w konsekwencji zapewnić oddychanie przez gardło, w dalszym ciągu oddychamy nosem. Oddychanie ustami staje się możliwe w miarę, jak człowiek uwalnia się od strachu przed swoimi nieznanymi uczuciami, uczy się je rozpoznawać i wyrażać. Praktyczne też jest ćwiczenie, które polega na śpiewaniu lub mówieniu przy jednoczesnym wykręcaniu ust na wszelkie sposoby. Wspomniana przeze mnie praca z korkiem jest jednym z najlepszych ćwiczeń, a w każdym razie moim ulubionym.

Początkowe ćwiczenia powinny pomóc uczniowi w nabraniu zaufania do własnego ciała poprzez obserwację swoich reakcji na impulsy, potrzeby, emocje. Przyjrzyjmy się każdemu z nas znanemu pomrukowi „uhm", którym informujemy słuchacza, że słyszymy, co do nas mówi (na przykład przez telefon). Ten malutki, ale za to niebywale komunikatywny dźwięk może nam pomóc w poszukiwaniu otwartości i rezonansu. Potem przechodzimy do innych, już wyraźniej artykułowanych dźwięków.

Na przykład zaczynamy od pomrukiwania „hmm" wyobrażając sobie, że odpowiadamy komuś, z kim rozmawiamy. Jednocześnie obserwujemy ten dźwięk. Potem wyrażamy nim zdziwienie, a więc przedłużamy go, „aha mm" idąc w górę skali. Pomału dochodzimy do wyraźniejszego „aha", „ooo", „mmm" itp. Trzeba też obserwować siebie w ciągu dnia, kiedy wielokrotnie wyrażamy różne stany bardzo ciekawymi maleńkimi dźwiękami.

Następnym etapem jest spostrzeganie, w jaki sposób nasze ciało komunikuje mocniejsze uczucia: zmienia się nam głos; robi się nam gorąco; zaczynamy się jąkać; mówimy coraz szybciej i bez składu, milkniemy i nie możemy wydobyć z siebie głosu; głos staje się radosny, mówimy w wyższym rejestrze; głos się obniża itd. Tego rodzaju obserwacje i idące za tym przemyślenia powinny ułatwić pracę nad uzyskaniem funkcjonalnej swobody i coraz głębszej samoświadomości. Kristin Linklater pisze:

Uwolnić głos znaczy uwolnić osobę, a każdy człowiek jest nierozdzielnie umysłem i ciałem (...) Najbardziej widoczne zablokowania i wykrzywienia naturalnego głosu są spowodowane napięciami fizycznymi. Cierpi on także z powodu zahamowań natury emocjonalnej, intelektualnej, słuchowej, duchowej. Wszystkie te przeszkody są psychofizyczne z natury i, raz usunięte, pozwalają głosowi oddać pełny wachlarz ludzkich uczuć i wszystkie niuanse myślowe.

Powtórzę, że wszelkie problemy psychiczne, zablokowania dają swój wyraz w pracy oddechu.

Umiejętność oddychania całą piersią pozwala w konsekwencji żyć pełną piersią!

Dlatego podkreślam, że pierwsze podstawowe ćwiczenia powinny być skierowane na odnalezienie spokoju, zaufania do samego siebie i na pozwolenie ciału na oddychanie w jego naturalnym rytmie. W czasie ćwiczenia, w którym uczeń zajmuje się jedynie obserwacją własnego oddechu, bardzo wyraźnie widać moment, w którym myśl jego odbiega gdzieś indziej. A to dlatego, że w tej samej chwili zaobserwujemy u ucznia zmianę rytmu oddychania. Najczęściej spotykanym problemem jest to, że n i e d a j e m y sobie czasu na wdech.

Czas na wdech to czas na życie.

Pracując nad uwolnieniem oddechu pomagamy sobie pozbyć się tak często spotykanych tików oddechowych, które ujawniają istniejącą w nas panikę. By ułatwić ciału wdech (spontaniczne wejście powietrza do płuc), najprościej byłoby rozluźnić (puścić) szczękę. Ale ta, wydawałoby się, prosta rada jest często bardzo trudna do wykonania, bo ściśnięta szczęka to już nawyk, który w dzieciństwie wielokrotnie ratował nas, pomagając ukryć nasze uczucia i choć dzisiaj może nie być już nam potrzebny, jest trudny do wyeliminowania. Ćwiczenia na rozluźnienie szczęki już podałam. Mogę dodać, że praktyczne są również ćwiczenia, w których wraz z dźwiękiem wykonujemy najróżniejsze ruchy gimnastyczne, takie jak rozpościeranie rąk, składanie ich z tyłu na plecach.

Pamiętam pewną uczennicę, która przez wiele lekcji nie mogła się uwolnić od kontroli nad oddechem, między innymi dlatego że nie była w stanie zaakceptować sytuacji, w której miałaby zajmować się wyłącznie sobą. Zajmowanie się sobą należało w jej pojęciu do zachowań niedozwolonych, egoistycznych i wstydliwych. Należała do osób, które żyją dla innych! Czas ofiarowany sobie to, jej zdaniem – czas zmarnowany! Dopiero zrozumienie, pozornie oczywistego faktu, że żyje tylko raz i że osoba, z którą na pewno spędzi całe życie, to ona s a m a, pozwoliło jej zadbać o siebie.

Następnym, bardzo ważnym elementem pracy jest wyrobienie w sobie nawyku tworzenia coraz to nowych ćwiczeń.

Na przykład ćwiczenia rozluźniające (te uprzywilejowane momenty spędzone Z DZIECKIEM), jeśli na początku idą nam łatwo, to dlatego że są nowe. Często jednak zdarza się, iż z biegiem czasu nie zauważamy, że wykonując to ćwiczenie i powtarzając te same relaksujące hasła nie jesteśmy już jak kiedyś skoncentrowani na tym, co robimy, za to myślimy jednocześnie o stu innych rzeczach. Wtedy jednym ze sposobów na odnalezienie skuteczności ćwiczenia jest wykonanie go w przyspieszonym tempie lub wymyślenie nowych formuł.

Praktycznie znaczy to, że jeżeli powtarzaliśmy sobie wielokrotnie i systematycznie, że nasza ręka jest ciężka, coraz cięższa, a potem to samo o pozostałych częściach ciała, to w chwili gdy nie uzyskujemy już oczekiwanego rezultatu, należy zmienić kolejność rozluźniania części i przy każdej powtarzać tylko raz hasło lub także zmienić tekst, który temu towarzyszy. Jeżeli ćwiczyliśmy w pozycji leżącej, możemy zmienić ją na stojącą lub siedzącą.

Pamiętam, jak zaprzyjaźniona lekarka wyjaśniła mi, że fakt dosyć szybkiego chudnięcia na skutek diety jest nie tyle wynikiem innego odżywiania, ile przede wszystkim zaburzenia starego systemu, który na początku ma trudność w rozszyfrowaniu nowego, dostarczanego organizmowi, pokarmu. Gdy tylko zacznie rozpoznawać nowe produkty, narzuci na nie swój dawny sposób funkcjonowania. Stąd na początku chudnie się łatwo, a potem zdecydowanie trudniej. Z ciałem i psychiką jest podobnie, na początku szybko osiąga się wymarzone rezultaty, a po niedługim czasie wygląda na to, że ponownie jest jak dawniej.

Tak właśnie, gdy wykonujemy jakieś ćwiczenie po raz pierwszy, często daje ono zaskakująco dobre wyniki, bo zaskoczone „nowością" DZIECKO daje się poprowadzić za rękę w nieznane, d o p ó k i nie zrozumie, o co chodzi. Gdy natomiast odkryje i rozpozna mechanizm, może nas wyprowadzić w pole, pozwalając wierzyć, że nic się nie zmieniło. Tymczasem wykonywane jak zawsze ćwiczenie n i c już nam nie daje. Bywa, że potrzeba wtedy porządnego stresu i nieskuteczności wszelkich prób relaksacji, by zdać sobie sprawę z tego, co się naprawdę dzieje. **Oczywiście przy pewnej wprawie stajemy się twórczy nie czekając, aż będziemy do tego zmuszeni.** Podobnie jest z ćwiczeniami wokalnymi i fizycznymi. Jeżeli uczeń nie może wykonać jakiegoś ćwiczenia spontanicznie, wtedy dobrze jest wykonać je w bardzo szybkim tempie. Duże tempo nie pozostawia czasu na myślenie, a więc i na zbytnie kontrolowanie się. Wtedy uczeń ma okazję nauczyć się od własnego ciała, jak dany ruch powinien być wykonany. Tak samo można postępować przy sprawiającym trudność ćwiczeniu wokalnym. Świetny efekt daje, na przykład, gwałtowne zgięcie kolan w momencie wykonywania wysokiego dźwięku, gdyż przy tym ruchu rozluźnia się dół brzucha. Gdy coś nam nie wychodzi, należy przede wszystkim bez złości ten stan zaakceptować (to rozluźnia!), bo w naleganiu, złoszczeniu się na siebie znowu ukryć się może przebrane DZIECKO. Proponuję lekturę Arnolda Mindella, który często w pracy terapeutycznej używa wzmacniania, na przykład bólu czy napięć mięśni w celu uzyskania większej świadomości siebie i łatwiejszego zarejestrowania momentu rozluźnienia.

Innymi słowy, nie wierzę w stałe, niezmienne systemy.

Człowiek nie nadaje się do metod, nawet jeśli są dla jego dobra wymyślone i przez jakiś czas zdawały egzamin.

Owszem, są pewne reguły gry, z których warto korzystać (choćby proponowana przeze mnie praca z DZIECKIEM), ale muszą się one rozwijać i na pewno **nie należy niczego – co tu czy gdzieś indziej zostało napisane – kurczowo się trzymać**. Pamiętajmy o pokorze – w pracy z sobą niczego nie osiąga się raz na zawsze! Każdy stan, z którego nie możemy łatwo wyjść, jest próbą informacji, którą nasze ciało chce nam przekazać, a której nie umieliśmy albo nie chcieliśmy usłyszeć. Bezmyślnie powtarzane ćwiczenia niczego – oprócz treningu mięśni – nie dają, a to dlatego że w samym akcie powtarzania nie ma miejsca na proces twórczy. W ćwiczeniach, tak jak przy wejściu na scenę, powinno się zachować wrażenie, że czynimy to po raz pierwszy.

Nigdy nie wstąpisz dwa razy do tej samej rzeki – powiedział Heraklit.

To, co wykonaliśmy, należy już do przeszłości.

Bardzo ważna jest praca w wyobraźni. Nawet gdy śpiewamy tylko jeden dźwięk, musimy podtrzymywać w sobie potrzebę komunikacji, wyobrażać sobie obiekt, do którego się zwracamy. Jeśli jest to samogłoska, możemy sobie wyobrazić, że komunikujemy się z kimś, kto jest bardzo daleko, jeśli spółgłoska, na przykład „śśś", możemy sobie wyobrazić sprowokowany przez nią podmuch i wywołany nim na przykład ruch firanki. Krótko mówiąc w k a ż d e ćwiczenie trzeba wkładać treść. Jest to trudne, tym bardziej że żyjemy w świecie, który bardzo ograniczył prawdziwą komunikację między ludźmi, powodując, że człowiek gubi się w potoku nic nie znaczących słów, najczęściej obranych z emocji i prawdy. Zatem nie tyle ćwiczenia, ile zrozumienie istoty sprawy jest warunkiem rozwijania się. Przykładem może być ćwiczenie, w którym proszę ucznia o śpiewanie na jednym dźwięku (na wchodzącej i schodzącej skali) swojego imienia, oczywiście ma myśleć przy tym, kim jest ta osoba, której imię śpiewa, i co do niej czuje. Zdarzało się, że uczeń nie mógł wydusić z siebie słowa (też charakterystyczne określenie). Czasem śpiewający swoje imię uczeń wybuchał płaczem. Najczęściej nie wiedział, dlaczego tak zareagował! Trudność zaśpiewania swojego imienia może być podyktowana niechęcią do niego, nienawiścią do siebie samego, niskim poczuciem własnej wartości albo tym, na przykład, że śpiewający słyszy w swoim głosie wołający go głos matki czy ojca.

Do ćwiczeń używam, prostych zdań, na przykład: „mam ładny głos", „jestem lubiana (y)", na wchodzącej i schodzącej skali, prosząc ucznia, żeby myślał o śpiewanym zdaniu i obserwował swoją reakcję.

Wymyślając sobie różne zdania, ćwicząc na nich głos, pracujemy jednocześnie nad wizją siebie samych. Zdania te trzeba formułować w czasie teraźniejszym, tzn. śpiewamy np. „jestem szczupła", a nie „będę szczupła". Powstaje pytanie, czy osoba gruba ma śpiewać, że jest szczupła. Jak najbardziej, jeśli jest w stanie zaśpiewać to z przekonaniem. Chodzi o to, żeby śpiewając widzieć siebie w wyobraźni szczupłą, a to już jest początek sukcesu. Tym, którym to nie przechodzi przez gardło, bo tak są przywiązani do prawdy, radzę śpiewać „widzę się szczupłą (ym)". **Używanie czasu teraźniejszego jest warunkiem sukcesu,** a to dlatego że forma „chciałabym być..." utwierdza w mózgu informację, że „nie jestem". Zmierzamy do polubienia siebie, a nie do zaprzeczenia sobie. Każdy musi sam sobie wypracować sposób na to, by śpiewane pozytywne zdania były w jego odczuciu prawdą.

Zatrzymajmy się na chwilę nad osobami, które nie lubią samych siebie. Gdy ludzie ci twierdzą, że są zdolni do kochania innych, pojawia się pytanie: jak można dać drugiemu to, czego się nie ma? A może chodzi im raczej o posiadanie kogoś? Łatwo zrozumieć, że osoby te żyją w wyimaginowanym świecie, w którym nie ma prawdziwej wymiany uczuć, gdzie kontakty z ludźmi są powierzchowne, a opinie tak o nich samych jak i o innych – a wraz z tym i przybierane role – będą podlegać częstym zmianom. Cały ten proces jest niewątpliwie rozpaczliwym wołaniem o miłość, a jego początku – jak już pisałam – należy szukać w dzieciństwie tych osób. Takim ludziom właśnie głos często robi niespodzianki.

Te wewnętrzne wymagania upośledzają spontaniczność uczuć, pragnień, myśli i mniemań, to znaczy niszczą zdolność przeżywania autentycznych uczuć i myśli i oddawania im wyrazu. Osoba taka, powodowana w najlepszym razie „spontanicznym przymusem"...działa i „wyraża swobodnie" to, co uważa, że powinna czuć, pragnąć, myśleć lub sądzić.

Karen Horney

Trudna sztuka podobania się sobie

A więc polubienie siebie, czyli inaczej mówiąc – głosu, takim, jaki jest, zaczyna się od polubienia czy zaakceptowania naszych, tak zwanych złych cech. Należy przy tym pamiętać, że stanowią one integralną część naszego „ja".

Wyjaśnię, że za „złe cechy" uważam te, których rodzice w nas nie lubili i których z tegoż powodu chcielibyśmy się pozbyć. Chodzi tu o uwolnienie się od poczucia winy za takie, a nie inne cechy charakteru, z jednoczesnym zrozumieniem, że DZIECKO nie jest winne temu, że ma te cechy.

Zaakceptowanie i zaprzestanie karania się za te cechy otwiera przed nami możliwość zmiany.

Przy okazji zadajmy sobie pytanie, czy tym, co tak nas pociąga w literaturze, sztuce, nie są te właśnie, „najciemniejsze" cechy naszego „ja"? Czy to nie one dysponują bogatszą paletą kolorów niż te, społecznie uznane za dobre?

Śpiewanie, mówienie jest aktem agresywnym.

Wchodząc na scenę dajemy sobie „pierwsze miejsce", zmuszamy innych do słuchania nas, inaczej mówiąc – zabieramy (innym) głos. Jest to w pewnym sensie akt agresywny, w takim samym znaczeniu jak urodzenie się dziecka czy śmierć, które są z natury rzeczy gwałtowne.

„Zabrać głos" to narazić się na ocenę innych, otworzyć się, ujawnić. Oczywiście dla osób, które w dzieciństwie nie miały prawa głosu, zawsze stanowi to poważny problem, którego samym śpiewem nie da się rozwiązać. (Często takie osoby chcą być aktorami z nadzieją, że ich nieśmiałość i brak wiary w siebie przy tej pracy znikną).

W takim wypadku bez uprzedniej lub prowadzonej równolegle z ich aktywnością artystyczną terapii niewiele się wskóra.

Używając słowa agresja, mówiąc o śpiewaniu, chcę przypomnieć, że agresja, której się boimy i z którą trudno się pogodzić, wynika najczęściej z utajonej potrzeby „odwetu" za dawne krzywdy. Tak się dzieje, gdy szef (nieświadomie traktowany jako ojciec) na nas nakrzyczy, a strach przed nim odbiera nam mowę. Wtedy tę zablokowaną strachem złość, poczucie niesprawiedliwości wyładujemy na przykład na partnerze lub zrzucimy na dziecko (a i zwierzątko domowe też się nam może do tego przydać). Podobnie jest z krzywdami zaznanymi w dzieciństwie i związanymi z nimi uczuciami żalu, wściekłości, niesprawiedliwości, które nie zrozumiane i nie wyrażone będą szukały ujścia w sprowokowanych wielokrotnie (nieświadomie) sytuacjach. (Dlaczego wielokrotnie? Bo lekcję trzeba powtarzać tak długo, aż się ją zrozumie!). W takich chwilach nasze cierpienie jest często niewspółmierne do realnej sytuacji, a wszelkie próby uspokojenia, załagodzenia sprawy nic nie dają. Uczucia te są tak silne, że „domagają się krwi", to znaczy, że chcemy, by osoba, która nas skrzywdziła, słono za to zapłaciła. Przy tym ta nienawiść nas zjada, jesteśmy na siebie za nią wściekli i czujemy się winni, że nie umiemy się od niej uwolnić.

A tymczasem, nieświadomie, daliśmy komuś władzę nad nami – władzę rodzicielską – i przez to możliwość skrzywdzenia nas. W tego typu sytuacji dobrze jest zapytać (na głos) nasze „wewnętrzne dziecko", co się stało, czy uczucie niesprawiedliwości jest mu znane, i spróbować sobie przypomnieć, kiedy się z nim spotkaliśmy. Wtedy prawdopodobnie wyjaśni się nam, dlaczego nie umieliśmy załatwić po dorosłemu sprawy, a wręcz przeciwnie, staliśmy się na tak długo jej niewolnikami.

Nienawiść, jest normalnym odruchem dziecka na własną bezsilność.

Tak ciężkich do wytrzymania uczuć jak zazdrość czy nienawiść nikt z nas nie szuka. One w nas są i mają rację bytu. Jedynie pogodzenie się i dialog z nimi może nas od ich palącej temperatury uwolnić.

Co w głosie piszczy, czyli językowe potyczki z głosem

Proponuję teraz zastanowić się nad niektórymi powiedzeniami dotyczącymi głosu i poszukać zawartej w nich głębokiej prawdy psychologicznej.

Oto kilka z nich wraz z przykładami ich interpretacji:

- *głos uwiązł w gardle* = nie wolno mi wyrazić tego, co czuję. Boję się...
- *zabrać głos w jakiejś sprawie* = zaistnieć, wyróżnić się
- *nie dać dojść do głosu* = to może być strach przed utratą miejsca, przed krytyką itp.
- *krzyczeć na całe gardło* = krzyczeć całym sobą; manifestować swój stan
- *zaniemówić z wrażenia* = znaleźć się w nowej, szokującej sytuacji i nie umieć na nią zareagować
- *oddać głos* = zaufać komuś, oddać swoje miejsce
- *nie mieć głosu* = nie mieć prawa istnienia, manifestowania swoich uczuć, opinii; strach przed pokazywaniem siebie, zwracaniem na siebie uwagi
- *poznać po głosie, że...* = ujawnić się, zdradzić się
- *zamknąć się* = wycofać się, wbrew sobie przyznać komuś innemu rację, przestraszyć się
- *zabrakło mu głosu* = nie umie walczyć o swoje miejsce
- *mieć słaby, ledwo słyszalny głos* = bać się swojej agresji; chcieć być łagodnym
- *mieć dziwny głos* = być w konflikcie z sobą
- *mieć męski albo prawdziwie kobiecy głos...* = być w zgodzie ze swoją płcią
- *nie poznać kogoś po głosie* = granie roli kogoś innego niż zwykle, jest w niej coś nam nieznanego
- *mieć zmieniony głos* = głos informuje „właściciela" i innych, że coś jest nie tak w jego życiu
- *mieć głos sexy* = intuicyjne przywoływanie, zaczepianie, zachęcanie partnera do kontaktu
- *mieć głos monotonny, bez wyrazu* = oznaka depresji
- *silny, groźny, rozkazujący głos, podnieść na kogoś głos* = chcieć dominować, rządzić, wydawać rozkazy

- *mówić, śpiewać pełnym głosem* = czuć się dobrze we własnej skórze
- *mieć ponury głos* = określenie nastroju danej osoby, jakiegoś wydarzenia, które ją przygnębia
- *radosny, pełen życia głos* = głos osoby optymistycznej, zaradnej, łatwej w kontakcie
- *coś we mnie mówi, że...* = odczuwanie wątpliwości na jakiś aktualny temat, problem; sugestia, że trzeba postąpić inaczej niż zazwyczaj
- *zimny głos* = człowiek chłodny wobec innych, nie chce bliskich kontaktów, jest nieufny, odpychający
- *czuć groźbę w głosie* = ktoś informuje, że może być gwałtowny, niebezpieczny i że trzeba go zostawić w spokoju
- *mieć niepewny głos* = być niepewnym swoich racji, bać się opinii innych, czuć się jak na cenzurowanym
- *zachwiał się głos* = ktoś nie powiedział prawdy, nie wyraża tego, co naprawdę czuje
- *płaczliwy głos* = wyraża stan rozpaczy, bezsilności, prosi o pomoc
- *łagodny, uspokajający głos* = możemy się zdać na tę osobę, przy niej dobrze się czujemy
- *zamilknąć, zaniemówić* = zamknięcie się w sobie, odrzucenie świata zewnętrznego, krzyk o pomoc, dusząca bezradność, zwrócenie na siebie uwagi, niedowierzanie, że będzie się zrozumianym przez otoczenie
- *po głosie poznać, że to człowiek z charakterem* = człowiek stanowczy, mający własne zdanie
- *zduszony głos, nie móc z siebie wydusić głosu* = przeżycie jest za duże, by je zwerbalizować, ktoś przeżył szok, boi się własnych słów, lęka się odbioru itp.

Każdy może uzupełnić tę listę znanymi mu powiedzonkami i próbować je interpretować.

Głos prawdę ci powie

Wiele doświadczeń dowodzi (na przykład w 1964 r. N.N. Merkela i M. Meiselsa), że można ustalić związek między właściwościami wokalnymi osoby a jej właściwościami mentalnymi (wyłącznie na podstawie tekstu czytanego przez chorych na schizofrenię i osób zdrowych określano, czy ktoś jest schizofrenikiem czy nie).

Michael McCallion w swojej książce pt. *The voice book* przeznaczonej dla aktorów i mówców pisze, że głos wyraża całą osobę. To znaczy, że nie można używać głosu w oderwaniu od reszty ciała. Podaje przykład mnicha, któremu kazano przejąć kierownictwo nad grupą, co zobowiązywało go do publicznego mówienia, zaprzysięgania i nauczania. Skarżył się na utratę głosu. Wcześniej miał niewiele okazji, by używać swojego głosu. Gdy mówił, robił to cichutko, bez wysiłku. Gdy natomiast nauczyciel poszedł posłuchać jego kazania, zobaczył człowieka, któremu brak oddechu (krótki piersiowy oddech – raczej tik nerwowy niż oddech), z głową odsuniętą do tyłu w poszukiwaniu powietrza i starającego się być słyszalnym. Wszystkie te próby polepszenia donośności głosu dawały odwrotny efekt. Wyglądało na to, że lata nieużywania głosu spowodowały zwiotczenie mięśni. W czasie omawiania problemu McCallion zapytał go, czy pamięta swój głos z czasów, kiedy nie był zakonnikiem. Mnich najpierw zaśmiał się, a potem wyznał, że miał bardzo silny głos i od wstąpienia do zakonu był to dla niego poważny problem, bo w chórze było go słychać bardziej niż innych, aż wreszcie zażądano od niego, w ramach posłuszeństwa, by całkowicie się wyciszył. Na tym kończy się opis historii tego mnicha. Myślę, że jego problem ma swoje źródło jeszcze w dalszej (głębszej) historii. Przecież wypierając się głosu, wyparł się samego siebie, a życie, czyli obecne wymagania przełożonych, zaprowadziło go do sytuacji, w której musi na nowo odnaleźć siebie, a wraz z tym swój głos.

W książce *Schizofrenia* Antoni Kępiński pisze, że:

Milczenie co prawda nie jest mową, ale spośród wszystkich pozasłownych środków wyrazu człowieka jest jej genetycznie najbliższe. Jest nie tylko jej brakiem, lecz nawet może ją zastępować. Zwykle nie jest ono puste, ale coś znaczy, jest wypełnione treścią. Milczenie odgrywa w teatrze i w muzyce określoną rolę. Może ono wyrażać najróżnorodniejsze stany uczuciowe. Może być „wymowne"... groźne, obojętne; może być wyrazem uczuć ujemnych: smutku, niechęci, nienawiści, lub wzniosłych: zachwytu, ekstazy.

Foniatrzy coraz częściej traktują głos pacjenta właśnie jako wyraz jego osobowości, i tak na przykład, jeżeli na leczenie zgłosi się Brazylijczyk z guzkami na strunach, to prawdopodobnie lekarz nie zdecyduje się na ich zoperowanie, a to dlatego że 80 procent Brazylijczyków ma guzki na strunach i dzięki nim pewną charakterystyczną barwę głosu. Usunięcie tych guzków byłoby równoznaczne z pozbawieniem piosenkarza charakterystycznego dlań głosu.

Głos w kagańcu

Pierwszy poważny sukces pedagogiczny odniosłam podczas pracy z aktorem (wspaniale prezentującym się, ogromnym Brazylijczykiem), który skarżył się na brak ucha (fałszował) i na słaby głos. Cichy, trochę za wysoki jak na takiego olbrzyma głos już sugerował istnienie jakiegoś wewnętrznego konfliktu.

W tamtym okresie zaczynałam pracę od klasycznych ćwiczeń wokalnych. Dałam mu do śpiewania proste ćwiczenia. Mimo nieprawdopodobnych fałszów (głównie w niskiej części skali) nie robiłam żadnych komentarzy ani poprawek. Po jakiejś półgodzinie widziałam na jego twarzy całkowite zwątpienie w moje umiejętności belferskie i wraz z tym rosnącą pewność, że więcej tu nie przyjdzie, no bo po co? Właśnie brak krytycznych uwag z mojej strony powoli rozluźnił go – na tyle, że stawał się coraz bliższy wydobycia właściwego dźwięku. Po lekcji wyjaśniłam mu powód mojego milczenia. Po miesiącu czy dwóch, kiedy udało mu się zejść niżej w skali i nabrać trochę zaufania i do siebie, i do mnie, po lekcji (sytuacja większego rozluźnienia) zapytałam, co robi ze swoją agresją. Odpowiedział (dość gwałtownie, jakby w obronie), że w ogóle nie jest agresywny. Uspokoiłam go mówiąc, że nie stawiam stopni za dobre czy złe cechy charakteru, ale chciałabym wiedzieć, czy zdarza mu się być agresywnym i jak to się wyraża. „Wtedy lepiej nie być w pobliżu mnie, bo jestem niebezpieczny" – przyznał. W dalszej rozmowie wyjaśniło się, że gdy miał około jedenastu lat, wpadł w szał, zniszczył mnóstwo rzeczy i rzucił się na domowników (a już wtedy musiał być sporego wzrostu). Rodzice zareagowali na to wyzwiskami, wskazującymi na zwierzęcy i niebezpieczny charakter syna, po czym został on na długo wykluczony z życia domowego i bywał także ośmieszany przy gościach. To pewnie od tamtego czasu nie zdejmuje z ust uśmiechu i ma łagodny(!), cichy (nie pasujący do postury, ale za to nikogo nie straszący) głos. W trakcie opowiadania mi tego incydentu jego głos się zmieniał, obniżał, mężniał. Zaproponowałam mu poznanie i zaakceptowanie tej agresywnej części jego charakteru i nauczenia się z nią żyć, pamiętając, że śpiew daje po temu wiele wspaniałych możliwości. Poza tym może przecież – w ł a ś c i w y m tonem – uprzedzać o niebezpieczeństwie tych, którzy wobec niego posuwają się za daleko. (Zwierzęta najpierw bronią się głosem, próbując w ten sposób odstraszyć lub ogłuszyć przeciwnika! Głos jest często pierwszą bronią jednostki). Nie pamiętam już, ile razy potem spotkaliśmy się, ale wiem, że bardzo szybko odnalazł siebie i swój głos.

W wymienionym przypadku istota sprawy polegała na tym, że nikt temu dziecku wtedy, gdy atak miał miejsce, nie powiedział, co ma robić ze swoją wściekłością ani tego, że nie trzeba tłumić w sobie uczuć do granicy wytrzymałości. Szczęśliwie śpiew był dostępną mu drogą do zaznajomienia się ze swoją agresywnością, a zawód aktora dawał możliwość pozytywnego zastosowania tego typu uczuć.

W każdym razie umiejętność informowania „przeciwnika" o tym, że przekracza niebezpieczną granicę, może pozwolić na znalezienie innego wyjścia z sytuacji.

Pracując z tym aktorem, po raz pierwszy zobaczyłam wyraźnie, jak silny jest związek pomiędzy głosem a emocją.

To i parę następnych doświadczeń zmieniły całkowicie moje podejście do nauczania śpiewu.

Głos wydobyty ze skorupy ślimaka

Niegdyś poproszono mnie o trzydniowy trening z dwudziestopięcioletnią wokalistką (jednocześnie tancerką) amerykańską, nazwijmy ją, Marylin, która miała w ciągu paru dni dołączyć do big-bandu i wyjechać na dwuletni cykl koncertów. Szef grupy nie był z jej śpiewania zadowolony.

Miała bardzo ładny głos, ale zdecydowanie czegoś w jej śpiewie brakowało. Było to trochę tak, jakby nic nie miała do powiedzenia. Zaczęłyśmy od przesadnego akcentowania spółgłosek, to znaczy traktowania ich jako elementu rytmicznego. Potem dałam jej inne ćwiczenia na spółgłoski, takie jak: „stka, stke...” z korkiem w ustach, stawiając akcent na „t” i „k” i zaczynając od długiego „sss”. To ćwiczenie, podobnie jak rozluźnienie szczęki, sprawiało jej kłopot. Następna lekcja odbyła się w warunkach koncertowych. Miałam okazję poznać szefa zespołu i zobaczyć, jak poniża artystkę przy innych i że ona reaguje na to niczym małe skarcone dziecko, które nie ma odwagi odpowiedzieć. Tym razem również śpiewała bez życia. Dałam jej do wykonania następne zadanie: by śpiewając tańczyła i próbowała mnie swoim śpiewem obudzić, wręcz z m u s i ć (czyli być agresywna) do słuchania; żeby wyobraziła sobie, że w czwartym rzędzie siedzi piękny mężczyzna i ona ma go swoim śpiewem i tańcem uwieść. Stopniowo głos jej się ożywiał, ponieważ wreszcie wykorzystywała go do realizowania różnych zadań – wyrażania chęci, uczuć. Jednocześnie przyjemność, jaką dawało jej poczucie dominowania nad słuchaczami i komunikowania się z nimi, zwalniała ją z nieustającej kontroli i oceny głosu!

Przy trzecim spotkaniu praca z głosem, czyli ćwiczenia, nie zajęły głównego miejsca. Postanowiłam za jej zgodą powiedzieć, co słyszę w jej głosie. Wyglądało to mniej więcej w ten sposób:

Głos twój mówi mi, że się boisz. Czego? Nie wiem. Ty jedna możesz odpowiedzieć na to pytanie. Słuchając ciebie mam ochotę tobą potrząsnąć, krzyknąć na ciebie, obudzić cię i wydaje mi się, że podświadomie takiej agresji szukasz. Z tego mogę wywnioskować, że złe traktowanie jest ci dobrze znane. Prawdopodobnie zaznałaś w życiu sytuacji odrzucenia i strach przed powtórzeniem jej cię paraliżuje. Z jednej strony chcesz się pokazać (dowodem jest wybrany zawód), a z drugiej – schować. Dlatego też twój głos się chowa. Oczywiście w ciągu trzech dni cudów nie zrobię (my), ale chciałabym, żebyś zrozumiała, że twój problem nie leży w głosie (czasem nie dociągała dźwięków i często na końcu frazy głos jej cichł, opadał, zanikał), *ale w jakichś głęboko schowanych przeżyciach. Spróbuj znaleźć terapeutę i popracuj nad sobą, gdyż poza tym masz wszystko, co jest potrzebne, by odnosić sukcesy w tym zawodzie...*

Płacząc odpowiedziała mi na to, że w dzieciństwie została porzucona przez matkę. I choć jej przybrani rodzice byli dobrzy, to jej strach przed odrzuceniem był tak wielki, że nigdy nie miała odwagi pokazać swoich prawdziwych uczuć, nie chcąc „zawracać rodzicom głowy”. Gdy po latach odnalazła matkę, została przez nią ponownie odrzucona. (Matka zabroniła jej utrzymywania z sobą kontaktu, jako że nikt w jej nowej rodzinie nie wiedział o istnieniu Marylin). Jej rozpacz i nienawiść, spowodowane ponownymi cierpieniami, były straszne. Przytuliłam ją i przypomniałam, że już nie jest małą dziewczynką i może stanąć w obronie malutkiej Marylin, którą była kiedyś. Nikt jej nie przeszkodzi w zrealizowaniu tego, co chce (chyba że ona sama), a jej rodzicielka – bo matką tę osobę trudno nazwać – nie ma prawa już niczego jej kazać, może najwyżej poprosić. Teraz ona może tę biologiczną matkę odrzucić i jeśli zechce, spotkać się z nową rodziną (braćmi, siostrami). Nie musi już pozwalać innym, by ją poniżali. Nikt nie jest w stanie jej odrzucić, bo nie jest już b e z b r o n n y m dzieckiem, które opuszczone skazane jest na śmierć. Teraz jest dorosła i ma wymagać dla siebie szacunku. Gdy stoi na scenie, może sobie pomyśleć: Patrzcie, jaka jestem ładna, jak świetnie śpiewam, zmuszę was do słuchania mnie, i tak dalej. Następnego dnia zadzwoniła, żeby powiedzieć że próba poszła znacznie lepiej i że podjęła decyzję znalezienia terapeuty, by wreszcie wydostać się z ograniczeń spowodowanych dzieciństwem.

Farbowany głos

Zdarzało mi się pracować z wieloma osobami, śpiewającymi nieczysto. Dodam, że nie miały one żadnych schorzeń ucha. Prawdą jest, że jedni rodzą się „z uchem”, a inni nie. Niemniej jednak każdy może się nauczyć śpiewać czysto.

Moim zdaniem osoby, które fałszują, są „fałszywe”, to znaczy, że podświadomie udają kogoś, kim nie są. Inaczej mówiąc n i e d a j ą głosu tej części siebie, której nie lubią (oczywiście jest to ta sama strona, której nie lubili rodzice). Fałszujący głos jest DZIECKIEM, któremu zabroniono wyrażać swoje uczucia. Tak właśnie głos może wskazać, gdzie jest problem, zdradzić głęboko schowany sekret.

Podam przykład kobiety, z bardzo arystokratycznej rodziny, której nieczyste śpiewanie na mszy bardzo jej i innym dokuczało. Przy pierwszym spotkaniu przedstawiłam jej mój punkt widzenia.

Nie przestraszyła się, a raczej uznała go za interesujący, tym bardziej że faktycznie miała gotową listę cech, których w sobie nie lubi. Spróbowałyśmy ćwiczeń składających się ze zdań typu: „jestem wspaniała, mam ładny głos, urodziłam się, by być kochaną". Fałszowała nie do wytrzymania. Nagle przyszło mi do głowy, że osoba z tak „dobrego" domu na pewno nie może sobie pozwolić na powiedzenie czy wykrzyknięcie: „dajcie mi święty spokój" lub mocniej „odwalcie się". Poprosiłam ją zatem, by wymyśliła jakieś agresywne (może być wulgarne) zdanie, w którym wyrazi to, na co ma ochotę. Owszem, zdanie było ciężkiego kalibru. Zaczęła śpiewać (na wchodzącej i schodzącej gamie) i, ku naszemu obopólnemu zdziwieniu, ani razu nie zafałszowała! Okazało się, że w jej domu nie wolno było hałasować, miała być przykładnym dzieckiem. Poza tym niemal nigdy nie była sama i teraz w dorosłym życiu jest podobnie (na skutek zatrudniania kilku służących – każdej do czegoś innego). Jedynym miejscem, w którym czuje się wolna, jest samochód. To właśnie w samochodzie ćwiczyła wykrzykując „stka, stke..." wkładając w to najprzeróżniejsze treści.

Oczywiście nie ma cudownych uzdrowień, ale dzięki temu doświadczeniu zrozumiała, że po pierwsze, m o ż e śpiewać czysto, pod warunkiem że jest w zgodzie z sobą i z tym, co śpiewa, do tego oczywiście dochodzi rozluźnienie się, które w tym wypadku wynikło z oddania się przyjemności wyrażenia – po raz pierwszy w życiu! – niedozwolonych zdań, po drugie, że drogą do tego będzie opieka nad „wewnętrznym dzieckiem" i pozwolenie mu na wyrażanie j e g o prawdziwych uczuć.

Inny przykład to chłopiec, który chciał głosem przykryć nieśmiałość i całkowity brak pewności siebie. „Fałsz", o którym wspomniałam, słychać było już w jego napiętym, sztucznie wzmacnianym głosie, a co dopiero w śpiewie...

Jednak rwał się do śpiewania. Ludzie, którzy fałszują, często uwielbiają śpiewać. Coś ich pcha do konfrontacji z własnym głosem. Oczywiście polega to na tym, że choć od dzieciństwa (dom plus szkoła) słyszą uwagi na temat swojego śpiewania i częste prośby, by zamilkli, coś ich jednak ciągnie do śpiewu, tak jakby wewnętrzny głos mówił im, że może być inaczej. I tym razem musieliśmy sięgnąć do źródeł problemu, uwolnić i zaakceptować różne bolesne uczucia, by pomału głos wyrażał jego posiadacza i żeby właścicielowi głosu było z tym dobrze. Teraz już może sobie pozwolić na śpiewanie swoich ulubionych utworów. Nauczył się również rozpoznawać po własnym głosie, kiedy coś jest nie tak.

Pamiętam też następującą sytuację: w grupie, w której sama uczestniczyłam, jedna pani oświadczyła, że bardzo fałszuje, a potrzebuje czasami na lekcjach (uczyła chińskiego) zaśpiewać piosenkę, której chce nauczyć swoich uczniów.

Profesor pokręcił poważnie głową mówiąc, że to znaczący problem i że zobaczy, czy coś się da zrobić (to najlepszy sposób na utwierdzenie ucznia w przekonaniu o nieuleczalności problemu!).

Mnie takie reakcje oburzają, choć wiem, że czasem fałszująca osoba tego właśnie oczekuje. Po całej serii ćwiczeń relaksujących doszliśmy do śpiewania prostych piosenek. Kobieta ta też musiała zaśpiewać i wcale nie było źle, jedynie śpiewała niepewnie. Profesor milczał. Gdy w przerwie zapytałam ją o dom i o to, czy ktoś w jej domu śpiewał, odpowiedziała, że jej rodzice byli naukowcami i że śpiewanie nie było praktykowane, owszem, słuchano muzyki. Zapytałam o piosenkę, którą nam zaśpiewała. Odpowiedziała, że była to piosenka dla dzieci oraz że nauczyła ją jej pewna urocza sąsiadka, z którą czasem spędzała czas. Zapytałam ją również, jak ocenia swój występ. Powiedziała, że nie wie, ale chyba fałszowała, bo ona zawsze fałszuje. „Skąd wiesz, że zawsze fałszujesz?" – zapytałam. „Bo mi to mówiono od dziecka". „A co by było, gdyby okazało się, że rodzice się mylili lub nie mówili ci prawdy?" – brzmiało moje kolejne pytanie. „Ależ oni się nie mylili! Ja naprawdę strasznie fałszuję" – obruszyła się. „Muszę cię zmartwić – odparłam – tym razem tę piosenkę z dzieciństwa bardzo ładnie i dosyć czysto zaśpiewałaś". „A to może dlatego, że ją od bardzo dawna znam" – wyjaśniła. Uspokoiłam ją, że gdy ktoś fałszuje, to data poznania piosenki niczego nie zmienia, a jeżeli chce naprawdę sobie pomóc, to myślę, że musiałaby zacząć od podania w wątpliwość „wiedzy" rodzicielskiej na jej temat i związanych z tym etykietek, jakie jej przylepiono – bo na pewno te „fałszywe tony" na głosie się nie kończą. Obserwując dalszą jej pracę na zajęciach zrozumiałam, że w jej kulturze i wychowaniu nie wątpi się w słowo rodziców. Ciekawy w tym przypadku jest fakt, że ta kobieta nawet nie próbowała siebie słuchać. Ona w i e d z i a ł a, że fałszuje!

Pracowałam też z dziewczyną, która chciała być aktorką. Skarżyła się na słaby głos, brak oddechu i niezbyt czyste śpiewanie. Zapytana o życie prywatne, z dumą opowiadała o wielu narzeczonych i o „kłopotach" z wybraniem jednego z nich. Ćwiczenia wykonywała chętnie, ale nic one nie dawały. Powtarzające się fałsze wyraźnie wskazywały, że jest jakaś rozbieżność między tym, jak ona siebie przedstawia, a jak jest naprawdę. Odłożyłam pracę z głosem na później i zajęłyśmy się wyłącznie czytaniem tekstów i omawianiem postaci, które przygotowywała na kurs teatralny. Tu również przy czytaniu – graniu – postaci uwodzicielki w głosie pojawiał się fałsz. Pomału przyznawała, że coś jest nie tak, ale nie próbowała się w to zagłębiać. Niestety, każdy człowiek ma swój rytm i nie należy (jeśli nie chce się wyrządzić mu krzywdy) go przyspieszać. Omawiając postać zaczęłam coraz częściej robić aluzje do życia seksualnego sugerując, że w tej dziedzinie jest mocna (przecież miała tylu chłopców!). Chętnie powtarzałam, że śpiewanie czy granie na scenie to to samo, co kochanie się. Nie technika, ale otwarcie się, umiejętność obserwacji drugiego człowieka i nade wszystko przyjemność, jaką to powinno dawać, są głównym sekretem powodzenia i trafności słowa zarówno śpiewanego, jak i mówionego. Któregoś dnia, w czasie ćwiczeń dykcji, wybuchła tak strasznym płaczem, że miałam wrażenie, iż zaraz się udusi. Wreszcie wykrztusiła z siebie sekret, że nigdy nie miała żadnego chłopca i że tę komedię gra już od bardzo dawna. (Dodam, że rewolucja seksualna unieszczęśliwiła niejedną wstydliwą z natury osobę. Według statystyk francuskich na dziesięć małżeństw jedno jest nie skonsumowane!). Od tego momentu zaczęła się praca przynosząca wyraźne wyniki. Otworzyła się na życie seksualne. Głos wypracowała na tyle, że nie tylko nie fałszowała, ale na poważnym egzaminie do szkoły teatralnej (który zdała) wykonała a cappella (!) piosenkę i do tego świetnie aktorsko. Zrobiła porządek w życiu osobistym i rodzinnym. Dzisiaj ma stałego partnera i pracę w teatrze. Bardzo dobrze zrobiła jej praca w grupie (pracuję w małych grupach do dziesięciu osób), gdyż pozwoliła jej wykrzyczeć, co tylko dusza zapragnie. Dla wyjaśnienia dodam, że do ćwiczenia, w którym uczeń może się do woli wykrzyczeć, używam nagrania nakładających się na siebie głosów, krzyków w różnych językach, takiej jakby wrzawy ludzkich głosów. Jest to trochę bełkot dźwiękowy, który pozwala wszystkim na jednoczesne wydawanie z siebie i z dowolną siłą wszelkich nieartykułowanych dźwięków. (Dzieci bardzo lubią to ćwiczenie i zdarza się, że trafnie znajdują odpowiedź na pytanie, co to ćwiczenie im dało i o czym był ich krzyk lub jakie wyrażał uczucie). Uczniowi przysługuje zrelacjonowanie, jak według niego przebiegło ćwiczenie, czy coś się zmieniło w głosie i co odczuwał.

Najczęstsze przypadki fałszowania występują u dzieci lub osób dorosłych, którym w dzieciństwie mówiono, że fałszują. Dziecko, które słyszało, że mu „słoń na ucho nastąpił", poproszone o zaśpiewanie piosenki, odmówi cytując rodziców lub udowodni (szepcząc piosenkę na ucho), że mama ma rację. Przez rok dawałam lekcje pianina chłopcu, który niejednokrotnie słyszał od mamy, że fałszuje. Zaproponowałam, żeby zaśpiewał mi na ucho, bo znam się na śpiewie lepiej od jego mamy. Zamamrotał jakąś melodię, oczywiście niezbyt dokładnie. Powiedziałam mu, że jedyną uwagę, jaką mam, to taką, że czuję w jego głosie strach i niepewność, a ponieważ się boi – zaciska gardło, a z takim gardłem n i k t nie jest w stanie zaśpiewać czysto. Poprosiłam, żeby zaśpiewał jeszcze raz, ale tym razem ma bardzo szeroko, przesadnie, otwierać usta. Gdy powtórzył w ten sposób piosenkę, pochwaliłam go. Umówiliśmy się, że od tego dnia grając na pianinie będzie jednocześnie śpiewał grane dźwięki. Dodam, że miał wtedy sześć lat. Nigdy nie zrobiłam uwagi na temat jego głosu, gdy fałszował, natomiast zawsze chwaliłam, gdy było dobrze. Z biegiem czasu, zwolniony ze strachu przed moją oceną, śpiewał coraz częściej czysto. Podobnie działo się z nim w starszym wieku w sprawach szkolnych, gdy postanawiał, że nie jest w stanie czegoś zapamiętać. Bywało, że sto razy powtórzone słowo chwilę potem umykało z pamięci. Wtedy kazałam mu wykonać trzydzieści pompek i pamięć wracała! Po prostu dotlenił się. Teraz już wie, że musi od czasu do czasu robić ćwiczenia relaksacyjne i walczyć ze złymi myślami, programując „mózgowy komputer" na myśli konstruktywne. Dzieci szybko rozumieją, że jeśli sobie w głowie powtarzają: „na pewno nie zdam egzaminu", „na pewno tej lekcji nie zrozumiem" – to nie ma takiej siły, która by to przekonanie zmieniła.

A propos oczyszczania głowy ze złych myśli, polecam przemyślenie słów z dramatu Williama Szekspira „Hamlet":

Niestosownej
Myśli nie zmieniaj w słowo ani w czyn...
A najważniejsze, byś zawsze był wierny
Samemu sobie...

Z dziewczyną, która bardzo chciała śpiewać, ale potwornie fałszowała, zaczęłam lekcje od ćwiczeń rozluźniających, używając głosu tak, by „masował wibracjami" i przez to rozluźniał kolejne części ciała. Wykonywała ćwiczenie z dużą radością i cieszyła się nowymi dźwiękami, jakie z siebie wydobywała. Niemniej jednak, gdy trzeba było zaśpiewać piosenkę, fałsz nie dawał za wygraną. I tak jak w innych przypadkach trzeba było dojść do sedna sprawy, czyli do zrozumienia, że jeszcze nie dotarła do swojego głosu i że go nie zna. Okazało się, że w domu rodzicielskim nie tylko nie wolno jej było mieć głosu, ale również nic do niej nie należało. W tak zwanym swoim pokoju nie miała prawa nic powiesić na ścianie ani niczego zmienić bez zgody mamy. Nie wolno też jej było zamykać drzwi od pokoju ani mieć sekretów. Gdy zrozumiała, co się stało w jej dzieciństwie, gdy wypłakała swoje żale, napisała do rodziców list (wszystkim proponuję napisać list do rodziców), w którym zabroniła im na przyszłość pewnych krzywdzących ją zachowań i zrobiła bilans swojego dzieciństwa, a także dała rodzicom konkretne propozycje dotyczące rodzaju ich przyszłych kontaktów, opartych tym razem na wzajemnym szacunku i prawie do sekretów (do własnego życia). Gdy wreszcie zamieszkała osobno, głos zaczął być jej posłuszny. To bardzo przyjemny moment, kiedy się widzi czyjąś radość z odnalezienia swojego prawdziwego głosu. Potem została przyjęta do regularnej szkoły muzycznej z ambicją nauczenia się nut, solfeżu i oczywiście śpiewu.

By zakończyć rozważania o fałszowaniu, chcę podkreślić, że nawet po pewnym okresie pracy z głosem i uchem, gdy uczniowi łatwiej przychodzi śpiewanie czysto, musi pamiętać, że przy najmniejszym napięciu (które, jak już mówiłam, zamyka gardło), zawsze ryzykuje śpiewanie obok dźwięków. Problem fałszowania jest jednym z tych, któremu – jak już pisałam – nie da się zaradzić bez uprzedniej lub jednoczesnej pracy terapeutycznej.

Jest też inny rodzaj fałszowania, który polega na tym, że pewne dźwięki są śpiewane nieczysto, są niedociągnięte. Z punktu widzenia technicznego gardło jest za mało otwarte. Inaczej mówiąc, śpiewający uczeń nie jest dostatecznie otwarty.

Wielokrotnie spotkałam się z sytuacją, kiedy uczeń przychodzi na lekcje śpiewu już po przejściu wieloletniej terapii. Zaczyna uczyć się łagodnego traktowania głosu i pomału znajduje coraz większą przyjemność w śpiewaniu bez wysiłku. Jednocześnie codziennie ćwiczy moje ulubione: „stka, stke, stki...", co jeśli jest dobrze wykonane, zawsze po jakimś czasie uwalnia schowane uczucia. Wraz z postępami wokalnymi zaczęło do niego wracać dzieciństwo i problemy, których nie umiał rozwiązać w czasie terapii. Pojawiły się również sny, które wyświetlały zapomniane fragmenty z dzieciństwa i przywracały bolesne uczucia. Piszę o tym, by pokazać raz jeszcze, jak dalece głos jest poważnym informatorem o naszym prawdziwym „ja". Pozwalając głosowi się rozwijać pozwalamy mu opowiedzieć nam o nas samych i nas wyrażać. Wtedy gardło zaczyna się samo otwierać, bo nieświadomie dotąd zamknięte uczucia możemy wreszcie wydobyć z pełną świadomością.

ROZDZIAŁ II

Głos jak odcisk palca

Czasem ściska nas coś w gardle, by nie dopuścić głosu serca do głowy lub vice versa.
Stanisław Jerzy Lec

Mowa tu o tych, którzy są w konflikcie ze swoim głosem, a więc z sobą. Na przykład osoby, które nie chcą się przed sobą przyznać do tendencji homoseksualnych, obrażają się na swój głos! Podobnie jest z dziecięcymi głosami dorosłych osób. Często taki głos jest nieznośny dla ucha, piskliwy.

Przypomina mi się kobieta z męskim głosem (przez telefon zawsze zwracano się do niej per pan), która uważała się za bardzo kobiecą. Na dowód swojej „kobiecości" ubierała się w spodnie, marynarkę i nosiła krótko ostrzyżone włosy! Według niej, rodzice lubili jej głos i z tym nigdy nie było problemu. Jedynie kiedy w domu pojawiali się nowi goście, rodzice informowali ich na ucho (by nie przeżyli szoku), że córka ma trochę dziwny głos!

Ubiór, zachowanie i głos człowieka są często informacją o życzeniach (marzeniach) rodziców dotyczących płci dziecka.

Dom odgrywa decydującą rolę w tym, jak dana osoba siebie postrzega i ocenia. Jak już pisałam, potrzeba czasu i odwagi, by pozwolić sobie na sprawdzenie wiarygodności wizji, jaką mamy, nas samych, naszego dzieciństwa i naturalnie rodziców.

Znane są przypadki osób, których n i e s ł y c h a ć, kiedy wołają, krzyczą. Najprawdopodobniej ludzie ci przeżyli w dzieciństwie sytuacje (niestety powszechnie występujące), w których nikt na ich krzyk i płacz nie odpowiadał. To wykształcone poczucie, że nie będą usłyszani, powoduje, że tak też się dzieje. Jedynie świadome zatrzymanie odruchu DZIECKA i zastąpienie go decyzją o tym, że nasze wołanie będzie usłyszane, może tę sytuację zmienić. Tego typu problemy nie znikają raz na zawsze, dlatego też musimy wyrobić w sobie nowy odruch, dzięki któremu (za każdym razem świadomie!) będziemy umieli zatrzymywać ten dawniejszy i zastępować go nowym.

W wypadku problemów wokalnych, foniatrycznych, którym żadne leczenie nie jest w stanie zaradzić, należy zrozumieć, że DZIECKO krzyczy (bez głosu), by zwrócić na siebie uwagę. Prosi o danie mu głosu.

Zgłosiła się kiedyś do mnie dziewczyna, której zanikał głos. Wszelkie próby leczenia, konsultacje z foniatrą nie dawały żadnych rezultatów. Jej „cudowne" dzieciństwo polegało na tym, że wszystko było jej wolno, tzn. sama (bez niczyjej pomocy, rozmowy, sugestii) podejmowała decyzje i ponosiła ich konsekwencje. Rodzice tym sposobem mieli wiecznie czyste sumienie i argument „przecież sama tak chciałaś". Tymczasem ona nigdy nie była pewna swoich decyzji i tak oto znalazła się na studiach, których nienawidzi. Nie miała jednak odwagi zakomunikować rodzicom, że chce zmienić wydział, bo wiedziała, że sprawiłaby im przykrość, a poza tym przecież sama jest sobie winna. Nikt jej do wyboru tego kierunku nie zmuszał, owszem, tata mówił często o tych studiach jako o swoim niespełnionym marzeniu, ale nic więcej! Muszę dodać, że była przez matkę wyśmiewana, ponieważ do dwudziestego roku życia ssała palec! Oczywiście wyśmiewający ją rodzice uważali, że – jak we wszystkim innym – jest sama sobie winna i jeśli zechce, wypleni ten nałóg! Nie przyszło im jednak do głowy, że palec ssie małe dziecko, które boi się wszystkiego i w ten sposób, nieświadomie, wyraża prośbę o trochę protekcji i pomocy. By wyjść z tej sytuacji, będzie musiała sama dać temu DZIECKU prawo głosu i wtedy wszystko się zmieni. W takich przypadkach gorąco zachęcam do prostego ćwiczenia polegającego, ni mniej ni więcej, tylko na szczekaniu.

Wyobrażamy sobie, że jesteśmy prawdziwym, broniącym domu psem i rozszczekujemy się na dobre. Pozwalamy DZIECKU wyszczekać wszystko, co tylko dusza zapragnie, a jeśli komuś się to nie podoba, to tym razem z nami – tym razem osobą dorosłą – będzie miał do czynienia! W wypadku tej dziewczyny większość ćwiczeń wykonała razem ze mną. Pracowałyśmy trzy godziny, ponieważ mogłyśmy się spotkać tylko dwa razy (wyjeżdżałam). A więc było i szczekanie, wykrzykiwanie „stka, stke..." dające upust agresji, wyrażające oburzenie na rodziców; krótka relaksacja, która raczej uzmysłowiła jej stan napięcia, w jakim żyje, i pomiędzy ćwiczeniami rozmowy lub próby wyjaśnienia uczuć, które się pojawiły (wylewana łzami rozpacz). Byłyśmy umówione na dzień następny. Stało się coś, co nie wydarza się codziennie. Dziewczyna postanowiła wszystko opowiedzieć mamie, nie zapominając o tej oskarżającej matkę części naszych rozmów. Na jej szczęście ma matkę, która naprawdę ją kocha, więc zastanowiła się nad tym, co usłyszała, przeprosiła dziecko za to, że tak z nim postępowała i wyjaśniła, że nigdy w ten sposób nie widziała tych spraw. Poza tym podtrzymała ją w decyzji o kontynuacji tego typu pracy, jak również o zmianie czy pozostaniu na studiach w zależności od jej dobra. Obiecała bronić przed ojcem. Następnego dnia starałam się jedynie przypomnieć jej ćwiczenia relaksacyjne, pogratulowałam odwagi, namawiając, by z ojcem również sama załatwiła swoje sprawy.

Jeszcze chwilę o ćwiczeniu polegającym na szczekaniu. Przez pewien czas odwiedzałam dom starców dla bardzo chorych osób. Nie umiejąc siedzieć całkowicie bezczynnie, włączałam się do pracy za zgodą osoby prowadzącej zajęcia. Bywało, że śpiewałam (wielu chorych cierpiało na chorobę Alzheimera) i robiło to na nich niebywałe wrażenie. Nie zdajemy sobie sprawy, ile uczuć, informacji, wspomnień niesie z sobą głos. Wymyślałam też różne ćwiczenia, w tym gwizdanie i szczekanie. Jeden ze staruszków, Józef, odmówił gwizdania mówiąc: „u nas się nie gwizdało". Innym razem, kiedy zaproponowałam szczekanie, Józef ponownie odmówił ze słowami: „u nas się nie szczekało". Kilka osób, śmiejąc się do rozpuku, naszczekało się do woli. Następnego dnia, gdy się pojawiłam, Józef podszedł do mnie i cichutko szczeknął mi na ucho. Pochwaliłam go i zapytałam, czy wie, że wszystko w ten sposób może wyszczekać i nikt nie będzie wiedział, o co chodzi. „Zrozumiałem" – odpowiedział i... poszczekaliśmy na siebie. Jasne, że przy tym ćwiczeniu również organizm dobrze się dotlenia, uaktywnia się układ oddechowy i otwiera dół brzucha.

Przypominają mi się również jednorazowe zajęcia z dziewczyną, która przygotowywała się do pracy z mikrofonem. Uprzedzono mnie, że jest bardzo delikatną osobą typu: „przepraszam, że żyję; to może ja już sobie pójdę". Jak zwykle zastrzegłam, żeby nie słuchała mnie bezkrytycznie i jeżeli proponowane ćwiczenie jej nie odpowiada – ma odmówić. Dodam jeszcze, że jej uścisk dłoni na przywitanie nie wskazywał na to, że z natury rzeczy jest bojaźliwa. Gdy mam mało czasu na pracę z kimś, zaznaczam, że zdarza mi się udzielić za dużo informacji naraz, co w konsekwencji może być szkodliwe (zamiast „jednej tabletki aplikuję fiolkę"). Dlatego też uczuliłam ją na to, by pilnowała tego, co się z nią dzieje, i odważnie odrzucała to, z czym się nie zgadza. (Takie poczucie odpowiedzialności za samego siebie i krytyczna postawa w stosunku do prowadzącego zajęcia jest bardzo pożyteczna). Zaczęłam od zapytania, co ją do mnie sprowadza i czego ode mnie oczekuje. Powiedziała, że ma bardzo słaby głos i w związku z tym jej nie słychać. Skonstatowałam, że widocznie nie było przyjęte w jej domu, by dziecko hałasowało, a także prawdopodobnie nie słuchano tego, co ma do powiedzenia. Przytaknęła. Ponieważ na jednej lekcji nie miałam czasu na dotarcie do tego, co i dlaczego się w jej życiu stało, ograniczyłam się do zasygnalizowania problemów i drogi do pracy z sobą. Ćwiczeniami jej pokażę, że głos ma w porządku i jak może nad nim pracować. Zaczęłam od ćwiczenia z korkiem w ustach i wypowiadania „stka, stke, stki, stko, stku..." najpierw biorąc na każdą sylabę oddech, a potem wykonując wszystkie pięć na jednym oddechu. Miała wkładać treść (najlepiej agresywną) w wypowiadane sylaby. Szło jej zadziwiająco dobrze. Musiała co chwilę odpoczywać, bo miała nadmiar tlenu w organizmie (przy hiperwentylacji najlepiej zatrzymać na chwilę oddech albo po prostu usiąść i poczekać, aż oddech wróci do normy). Jej głos coraz łatwiej wyrażał stanowczość i złość. Widać było, że zrozumiała, o co chodzi w tych ćwiczeniach. Pod koniec lekcji poprosiłam, żeby usiadła na kanapie. Nagle podeszłam do niej i oznajmiłam dość agresywnym tonem, że chcę, żeby się posunęła, bo inaczej usiądę na niej. Po chwili zakłopotania odpowiedziała równie stanowczo, że nie zamierza się posuwać, bo jest dostatecznie dużo miejsca, żebym również ja usiadła. Nie dawałam za wygraną i całkiem serio podniesionym głosem mówiłam, że jestem u siebie i usiądę gdzie mi się podoba i że jeśli się nie posunie, za chwilę usiądę na niej. Gdy podeszłam tak blisko, iż wyglądało na to, że rzeczywiście to zrobię, odepchnęła mnie zdecydowanym ruchem i głosem. Pozostało mi tylko jej pogratulować i życzyć kontynuowania – takiej jak przed chwilą – postawy, która polega na tym, że słucha siebie i wymaga dla siebie pełnego szacunku. Wtedy z głosem nie będzie miała żadnych kłopotów. Wiem, że zdała wszystkie egzaminy i zajęła się zaprowadzaniem porządku w swoich stosunkach z ludźmi.

Chciałabym przytoczyć dwa cytaty z pracy medycznej A.E. Aronsona *Troubles cliniques de la voix*, ukazujące, do jakiego stopnia problemy, jakie mamy z głosem, są odpowiedzią na stresy i ukryte przeżycia.

1. *Pewna dziewiętnastoletnia piosenkarka pracująca w klubie nocnym skarżyła się od trzech miesięcy na chroniczną chrypkę. Pracowała sześć wieczorów w tygodniu, śpiewając z orkiestrą dętą, liczącą ośmiu muzyków. Po przeprowadzeniu badań laryngologicznych okazało się, że na strunach głosowych ma guzki średniej wielkości (...).*
   Piosenkarka – nie odrzucając związku między pracą (śpiewaniem) i problemami wokalnymi (w czasie wakacji problemy malały) – przyznała się również do kłopotów z narzeczonym, który był członkiem orkiestry. Problemy pojawiły się niedługo przed wystąpieniem chrypki. W tym samym czasie zaczęła ona przeprowadzać bilans swojej kariery, streszczając następująco swoje odczucia z ostatnich sześciu miesięcy:
   „odczuwam ogromny stres emocjonalny, jakiego nigdy przedtem nie miałam (...) dokładnie tak, jakby wszystko waliło się w tym samym momencie". Przyznała także, że w momencie wystąpienia kłopotów osobistych i wokalnych była w depresji.

2. *Pewna trzydziestoletnia, niezamężna pielęgniarka stwierdziła, że jej głos się załamuje. Miało to miejsce pięć miesięcy przed pójściem do specjalisty. To załamywanie się głosu pojawiało się z początku sporadycznie, aż wreszcie częstotliwość zwiększyła się na tyle, że po trzech tygodniach jej głos stał się chrapliwy. Badania wziernikowe krtani wykazały całkowitą prawidłowość w funkcjonowaniu strun głosowych, zaś z badań neurologicznych nie wynikało, by miało miejsce jakieś osłabienie mięśni czy inne schorzenie neurologiczne. Jej głos był nadal nienaturalny (forsowany), chrypliwy, a jego emisja wymagała wysiłku większego niż normalnie. Kiedy ją zapytano, czy jej problemy głosowe mogą być reakcją na stres emocjonalny i czy może wskazać jakiś wypadek zbiegający się z wystąpieniem tych objawów, pacjentka nic nie odpowiedziała, marszcząc jedynie brwi wyraźnie zaskoczona. Po chwili namysłu uśmiechnęła się i, jakby zdając sobie z czegoś po raz pierwszy sprawę, powiedziała, że niedługo przed pojawieniem się jej problemów z głosem wydarzyła się następująca historia. Pewna lokalna gazeta skrytykowała celowość zatrudnienia jej w służbie zdrowia, a także związane z tym koszta, i zażądała zlikwidowania zajmowanego przez nią stanowiska. Natychmiast po tym oddział szpitala, w którym pracowała, rozpoczął „wojnę" przeciw redaktorowi naczelnemu gazety. Oskarżenia sypały się ze wszystkich stron. Wzięta w krzyżowy ogień pielęgniarka czuła się coraz bardziej rozgoryczona niesprawiedliwością oskarżeń, jednocześnie nie mając żadnych możliwości odparcia ich. Podczas gdy opowiadała swoje przeżycia, jej głos wracał do normy.*

Kontynuując przytaczanie przykładów z mojej praktyki, chcę zaznaczyć, że opowiadanie o innych jest zawsze bardzo delikatną sprawą, bo przecież tak naprawdę niewiele wiemy (my – nauczyciele, terapeuci) o tym, co dana osoba przeżywa ani ile ją kosztowało dojście do takich, a nie innych rezultatów. Rozumiemy innych jedynie przez pryzmat własnej wrażliwości i wiedzy, a więc trudno tu mówić o obiektywności. Jedynym, co można na pewno stwierdzić, są rezultaty pracy danego ucznia. Podkreślam ten oczywisty fakt, dlatego że na podstawie tego, co tutaj mówię, można dojść do mylnego wniosku, że wszystko przyszło uczniowi i mnie z ogromną łatwością. Tymczasem **w tej pracy nigdy nic nie przychodzi z wielką łatwością**. Chcę tu jedynie przedstawić zarysy pewnego typu pracy i podejścia do pracy z głosem – osobą. Chcę również podkreślić, że nie przedstawiam tutaj całościowej metody pracy, bo metodę każdy musi sobie sam wypracować. Wyniki każdej pracy z człowiekiem zaś w dużej mierze zależą od osobowości prowadzącego zajęcia, w tym wypadku od mojej, i dlatego trudno byłoby je przenieść na inny teren bez znalezienia do tej pracy w ł a s n e g o klucza. Podobnie jest z ćwiczeniami. Ćwiczenie samo w sobie nie ma wielkiej wartości, jeśli nie zrozumie się jego istoty. Tu od razu podam przykład ucznia, który potrzebował natychmiast posiąść łatwość zaśpiewania wysokich dźwięków, bo dwa tygodnie później miał nagranie. Zaproponowałam mu, by śpiewał w dosyć dziwnej pozycji, to znaczy na kolanach, z głową między ramionami i wysoko wypchniętymi pośladkami (chyba to ćwiczenie też wzięłam z jakiejś książki). Rezultat był nadzwyczajny. Śpiewało mu się jak nigdy dotąd. Gdy na następnej lekcji chwalił „metodę" i zapowiedział, że będzie już zawsze tak pracować, odpowiedziałam, że ćwiczenie samo w sobie jest głupie i powtarzane wcale nie musi dawać takich samych rezultatów. Uczeń poczuł się dotknięty moją reakcją aż do momentu, kiedy mu wytłumaczyłam, że to, co się stało w tym ćwiczeniu, polega na tym, że w tak głupiej pozycji nikt nie śpiewa i nie można od nikogo oczekiwać sukcesu. To dzięki temu, że w tej pozycji poczuł się uwolniony od wszelkich strachów i wymagań wobec swojego głosu, mógł osiągnąć taki wynik. Ktoś inny mógłby mieć obawy, że go kopnę w pupę albo czuć się zażenowany pozycją i nie móc wydobyć z siebie głosu. Musi więc rozumieć, dlaczego osiągnął taki rezultat oraz to, że nie ma problemów ze śpiewaniem wysokich dźwięków, pod warunkiem że nie będzie się ich bał. Do wydobywania wysokich dźwięków, powtórzę, można i trzeba używać wyobraźni. Czasem należy wyobrażać je sobie nisko, a czasem horyzontalnie.

Smak czekolady dzieciństwa

Tyrani wiążą człowieka i w jego własnym wnętrzu.
Stanisław Jerzy Lec

Zdarza się, że zgłaszająca się na lekcje śpiewu osoba nie wie dokładnie, czego szuka, to znaczy, nie skarży się na jakiekolwiek problemy z głosem. Po prostu chce śpiewać i myśli, że to jej dobrze zrobi. (Śpiewanie zawsze dobrze ludziom robi. Polecam).

Oto przykład.

Na lekcje przyszedł aktor o bardzo ładnym, nośnym, brzmiącym głosie. Nie bardzo wiedziałam, czego ode mnie oczekuje. Po prostu oznajmił, że „wydaje mu się to potrzebne". Jedyną uwagę, jaką miałam do jego głosu, to ta, że ten nośny głos niewiele z sobą niósł – wyrażał. Jakby pozbawiony był głębi. Zaczęłam od wyjaśnienia, że moje podejście do pracy nad głosem (wyniki mojej pracy widział na innych aktorach i piosenkarzach) jest połączeniem aspektu psychologicznego z wokalnym. Na to oburzył się bardzo, mówiąc, że nienawidzi psychologii i nie godzi się na jakiekolwiek psychologizowanie.

Umówiliśmy się, że spróbuję zaproponować mu ćwiczenia i jeżeli po niedługim czasie niczego one nie dadzą, rozstaniemy się. Zaczęliśmy od bardzo prostych ćwiczeń ruchowych, których celem jest otworzenie rezonatorów, uzyskanie właściwej postawy i sprawności ciała. Po każdej lekcji zadawałam pytanie, jak się czuje i czy coś mu to daje. Odpowiedź była zawsze taka sama „nic mi to nie daje i nic nie czuję". Już miałam się poddać, gdy parę godzin po kolejnej lekcji zadzwonił do mnie z radością oznajmiając, że po raz pierwszy w życiu dokonał nagrania tekstu dla radia bez pomyłki i bez stresu. Postanowiłam, korzystając z uzyskanego zaufania, zaproponować coś innego. Tym razem ćwiczenie należało wykonać w pozycji leżącej. Polegało wyłącznie na obserwacji oddechu i powtarzaniu w głowie (ćwiczenie z książki Kristin Linklater) „ja i mój oddech stanowią jedność; gdy mój oddech się uwalnia, ja się uwalniam". Obserwując oddech ucznia zauważyłam wyraźne jego przyspieszenie, z czego wynikało, że uczeń nie był skupiony na oddechu, tylko myślał o czym innym. Poprosiłam, by powiedział pierwsze słowo, które przeleciało mu przez głowę. Nastąpiła długa cisza i już wiedziałam, że z tego ćwiczenia nic nie będzie. Po namyśle powiedział, że pomyślał słowo „winda”. Oczywiście nie było to pierwsze słowo, po prostu windę było słychać. Po skończonej lekcji, gdy uczeń był w stanie całkowitego rozluźnienia, zapytałam, czy przypadkiem nie dokonał cenzury pierwszego słowa oceniając je jako niewłaściwe lub głupie. Odpowiedział, że tak naprawdę pomyślał „czekolada”, ale to zupełnie idiotyczne, bo wcale nie jest wielkim amatorem czekolady. Zapytałam, czy mam przez to rozumieć, że jako dziecko miał jej pod dostatkiem. W tym momencie wybuchł potokiem słów, tonem oskarżającym mnie o brak zrozumienia, z których wynikało, że jego dzieciństwo przypadało na okres wojny i że doprowadzał mamę do szału robiąc sobie czekoladę z papieru. Na koniec wykrzyczał pytanie: „Czy chcesz, żebym przekreślił wszystkie lata mojej kariery?!”. Odpowiedziałam, że nie chcę, żeby cokolwiek przekreślił, najwyżej mogę mu zaproponować, by zajrzał do tamtego okresu, którego odkrycie, raz wyartykułowane, nie tylko pogłębi jego głos, ale i jakość życia. Na wszelki wypadek przypomniałam mu, że to j e g o ciało, mózg, a nie ja przypomniały mu przeżycia związane z banalnym na pozór słowem „czekolada”. Dwa dni później zadzwonił do mnie informując, że nie ma odwagi na taką pracę, ale zrozumiał, o co chodzi, i może jeszcze kiedyś się zgłosi. Tym razem wygrał choćby to, że świadomie określił swoje możliwości, czyli żyje w większej harmonii z sobą.

Czarny chłopak z białym akcentem

Wchodź w siebie bez pukania.
Stanisław Jerzy Lec

James to czarny, wielki Amerykanin, który chciał robić karierę piosenkarską. Głos swój oceniał zdecydowanie wyżej niż na to, moim zdaniem, zasługiwał.

Nie wiedząc czemu dałam mu na pierwszej lekcji lustro do ręki i poprosiłam, by wyraził ciepłe uczucia – na przykład miłości – do tej osoby w lustrze. Ze zdumieniem stwierdziłam, że on nie może na siebie patrzeć. Przyznał, że siebie nie lubi. „Jak więc sobie wyobrażasz żądać od publiczności, by ciebie lubiła, gdy ty sam masz taki stosunek do siebie?" – zapytałam. No więc i tym razem poleciłam metodę z licznych amerykańskich podręczników o pozytywnym myśleniu i poprosiłam, żeby przy goleniu wyznawał sobie miłość. Po tygodniu przyszedł i opowiedział, jak to wyglądało. Otóż pierwszego dnia z niesmakiem odwrócił od lustra głowę, drugiego podobnie, trzeciego coś tam bez przekonania bąknął, a czwartego spojrzał na siebie, powiedział z niedowierzaniem „I love you" i po chwili namysłu dodał „a dlaczego nie?". Oczywiście powtarzanie sobie pozytywnych myśli niczego na dłuższą metę nie załatwia. Daje na chwilę dobre samopoczucie. Trzeba zrozumieć, co się stało i dlaczego mamy do siebie taki stosunek, a potem nad tym uporczywie pracować, bo odruchy są czymś bardzo mocno zakorzenionym. W dalszej pracy okazało się, że ponieważ mówi po angielsku bez „czarnego" akcentu, z łatwością mu przychodzi umówienie się na spotkanie w sprawie pracy (ma wyższe wykształcenie). Natomiast gdy tylko okazuje się, że jest czarny, spotyka się z odmową. Zrozumiał, że to w jego postawie wobec samego siebie tkwi problem. Winny jest jego własny rasizm wobec samego siebie (a jeszcze precyzyjniej rasizm jego czarnej mamy, która nie godziła się z własnym odbiciem, jakie widziała w swoim synu). Zrozumiał też, że piosenkarstwo nie jest tak naprawdę tym, czego najbardziej potrzebuje. Szukał nieświadomie drogi do siebie, do uzyskania harmonii z sobą i swoim głosem (który jedyny realizował życzenia matki – chłopak miał akcent białego Amerykanina!). Po dwóch miesiącach po powrocie do Stanów zadzwonił, żeby się pochwalić, że dostał pracę, o jakiej parę miesięcy wcześniej nie mógłby nawet marzyć.

Głos bez własnego kąta

Rany się zabliźniają, ale blizny rosną wraz z nami.
Stanisław Jerzy Lec

Jak już pokazałam, bywają przypadki, że proponowana przeze mnie praca kończy się niepowodzeniem. Zgłosiła się na lekcje śpiewu starsza pani, z zawodu pielęgniarka. Skierowała ją do mnie jakaś terapeutka. Na pytanie, jaki jest jej stosunek do własnego ciała, powiedziała, że chyba dobry. Zaczęłam od prostego ćwiczenia wymagającego od ucznia swobodnego opuszczenia ciała, tak by „zawisło" na kości ogonowej, po czym powolnego powrotu do postawy stojącej, bez użycia mięśni brzucha, a w zamian, za pomocą mięśni kręgosłupa, stawiania krąg nad kręgiem. To ćwiczenie z pozoru proste bardzo szybko pokazuje, jaki jest stosunek danej osoby do własnego ciała, a także jej zdolność oddania się ćwiczeniu bez zastanawiania się, jaka jest ocena nauczyciela. Wykonała to zadanie, z trudem utrzymując równowagę swojego usztywnionego ciała i trzymając cały czas podniesioną głowę, z czego wynikało, że nie może sobie pozwolić na to, by nie widzieć mojej reakcji. Zapytałam, jak się udało ćwiczenie i czy sprawiło jej jakąś trudność.

W odpowiedzi dowiedziałam się, że było dla niej bardzo łatwe do wykonania i że nie czuła żadnych napięć! Ponieważ nie zapytała, jaki był mój odbiór, nic nie odrzekłam.

Chcę podkreślić, że zawsze na pierwszej lekcji informuję ucznia, że nie musi wykonywać ćwiczenia, tylko dlatego, że ja mu je proponuję. Może odmówić, jeżeli z jakiegoś powodu wyda mu się głupie lub po prostu nie ma ochoty go robić. Uważam, że rozmowa o tym, co w ćwiczeniu drażni ucznia, jest w konsekwencji korzystniejsza niż jego bezmyślne wykonanie. Zrobienie ćwiczenia po to, by sprawić przyjemność nauczycielowi, uważam za głupotę. Toteż często podkreślam, że mnie te ćwiczenia nie są potrzebne! Na lekcji uczeń jest ważniejszą osobą ode mnie.

Zaproponowałam jej zaśpiewanie zdania „jestem sympatyczna" na wschodzącej skali.

W połowie ćwiczenia przerwała mówiąc, że nie może tego zaśpiewać, bo to jest niepoważne. Zaproponowałam, by śpiewała swoje imię na wschodzącej gamie. Zaczęła i po kilku dźwiękach zatrzymała się, tym razem ze łzą w oku. Dość długo nie mogła wydobyć z siebie słowa. Na następnej lekcji podsunęłam inne zdania i też nic z tego nie wychodziło. Przyznałam, że nie bardzo widzę drogę, która by nas wyprowadziła z tej sytuacji, jeżeli ona sama nie spróbuje w domu śpiewać na głos różnych przez siebie wymyślonych, prostych zdań. Zareagowała dosyć gwałtownie twierdząc, że mowy nie ma, żeby cokolwiek na głos w domu śpiewała. Co sąsiedzi by na to powiedzieli? Równie spontanicznie zauważyłam, że rozumiem przez to, że nigdy i nigdzie nie czuje się u siebie i dlatego ci „inni" są dla niej tak ważni. Niestety nie pomyliłam się. Przyznała, że od urodzenia mieszkała w różnych instytucjach, zarówno świeckich, jak i religijnych. Poprosiłam, by się zastanowiła, czy chce spróbować zmienić ten stan rzeczy, i wtedy możemy kontynuować zajęcia. Natomiast jeśli szuka nauczyciela, który będzie wykonywał z nią tylko ćwiczenia wokalne, musi zwrócić się do kogoś innego. Zadzwoniła, serdecznie dziękując mi za uświadomienie jej czegoś dla niej istotnego i oznajmiła, że na dalszy ciąg pracy w tym kierunku nie ma odwagi.

Dziewczyna z kamienia

Każde poznanie ma źródło w uczuciu.
Leonardo da Vinci

Pewnego dnia zgłosiła się kobieta skierowana do mnie przez bardzo znanego terapeutę, do którego chodziła przez 3 lata. Skarżyła się na brak jakichkolwiek uczuć. Mówiła wręcz, że nic nie odczuwa. Nasza wspólna praca zaczęła się od konfliktu, ponieważ wymagałam od niej wzięcia na siebie współodpowiedzialności za pracę, którą mamy razem wykonać (bardziej ona niż ja) – to zakładało, między innymi, obserwowanie swoich, nawet najdrobniejszych, pojawiających się uczuć oraz zaakceptowanie faktu, że już teraz może powiedzieć, iż c z u j e, że n i c n i e c z u j e. Była zdecydowanie wściekła na mnie, co wyraziła nie tylko głosem, ale i słowem: „Ty myślisz, że wystarczy mieć wolę, by osiągnąć rezultaty!". Spokojnie odpowiedziałam, że tak właśnie myślę. Dodałam, że bez jej przekonania o możliwości wyjścia z danej sytuacji, a więc bez zaangażowania woli w pracę, niczego z nią nie wskóram! Jeżeli przyszła do mnie, by udowodnić sobie i światu, że jest przypadkiem nie do wyleczenia, to niech na moją pomoc w tym nie liczy. Jeśli w ciągu miesiąca–dwóch nie będzie żadnych wyników, na pewno nie będziemy dalej pracować. Po czym zapytałam, skąd u niej taka wściekłość na to, co powiedziałam. „Bo się z takim upraszczaniem poważnych spraw nie zgadzam" – odparła. „Ale zgodzisz się, że **poczułaś** wściekłość, a więc coś jednak j u ż czujesz!". „To nie jest takie proste!" – wykrzyknęła. „Umówmy się wobec tego, że jeśli nie zdecydujesz się na branie czynnego udziału w tej pracy, postanawiając jednocześnie, że jest wyjście z tej sytuacji, nie masz po co do mnie przychodzić". Zgłosiła się po tygodniu i zaczęłyśmy pracę polegającą na wyłapywaniu najdrobniejszych uczuć, które czasem odczytywałam z grymasu twarzy, oddechu, a ona miała je określać. Przy okazji zaczęła opowiadać, że jest rozwiedziona i ma dziecko, wobec którego jest okrutna. Jej stosunek do dziecka powoduje u niej potworne poczucie winy, ale nie może się opanować, żeby go nie bić i nie mówić mu okropnych rzeczy. Przyznała, że **uczucie** gniewu, wściekłości jest jej znane. Wynikało z tego, że są jeszcze inne, mocniejsze uczucia, których się domyśla, ale się ich boi. Powiedziała mi również, że w dzieciństwie dużo śpiewała i grała na pianinie.

Od pracy z oddechem (niekontrolowane, swobodne oddychanie), przez pojedyncze mówione lub wymruczane dźwięki, doszłyśmy do śpiewanych sylab. Któregoś dnia nastąpiła eksplozja uczuć: smutku, bezsilności, nienawiści. Było to w trakcie wykonywania ćwiczenia, które polegało na tym, że z zamkniętymi oczami miała utworzyć kulę dźwiękową. Inaczej mówiąc, siedząc po turecku, najpierw mrucząc, a potem śpiewając dowolne dźwięki, miała głosem utworzyć wyimaginowaną kulę, tak by poczuła, że znajduje się w jej środku. Nagle przed jej oczami stanęła scena najtragiczniejsza w jej życiu, kiedy oznajmiła swojej depresyjnej matce, że wychodzi za mąż za obcokrajowca (pochodziła z jednego z krajów wschodnioeuropejskich, a było to w czasach, kiedy granice tych krajów były zamknięte) i że wyjedzie z nim na Zachód. Po jej wyjściu z domu na uczelnię matka popełniła samobójstwo, zostawiając list przepraszający męża, a oskarżający córkę i jej rodzeństwo o brak serca.

Można sobie wyobrazić, ile gwałtownych uczuć, nienawiści, żalu, bezsilności, cisnęło się jej do oczu i przez gardło, by wreszcie się uwolnić. Łatwo teraz zrozumieć, dlaczego jej małżeństwo musiało się rozpaść. Ten dzień naszej pracy skończył się na rozmowie i na przyzwoleniu jej „wewnętrznemu dziecku" wykrzyczenia złości i dania m u prawa do tych wszystkich uczuć.

Po przejściu przez najtrudniejszą próbę, jaką było spotkanie się z przyczyną jej zablokowanych uczuć, uwolnienie się od poczucia winy i uwierzenie, że może (dzięki woli) zmienić tę sytuację, spowodowało, że dalsza praca poszła łatwiej. Polegała ona głównie na śpiewaniu i wyrażaniu napływających uczuć i wymyślaniu nowych sposobów reagowania DZIECKA. Zapisała się do chóru i nauczyła innych sposobów postępowania z synem. Wróciła do swojego terapeuty, by kontynuować analizę.

Ryczące dziecko

Bądźcie samoukami, nie czekajcie, aż was nauczy życie.
Stanisław Jerzy Lec

Pewien mężczyzna zgłosił się do mnie wyłącznie na terapię. Praca nad głosem wcale go nie interesowała. Zaczęło się od tego, że odmówiłam informując, że nie jestem dyplomowanym terapeutą (twierdził, iż zna rezultaty mojej pracy) i interesuje mnie przede wszystkim głos we wszystkich jego aspektach. Zaproponowałam, aby poszedł do terapeuty, który rozmawia z klientem, zna różne techniki i używa ich, na przykład ćwiczeń z bioenergii albo terapii Gestalt. Na analizę nie wysyłam, ponieważ jestem jej gorącym przeciwnikiem. Dodam, że dla mnie terapeuta to laicka wersja księdza czy rabina z prawdziwego zdarzenia (co oznacza nie tylko osobę nastawioną na pomoc drugiemu człowiekowi, ale także kogoś, czyja mądrość i wiedza pozostają w służbie człowieka, a nie techniki.) Niechętnie się zgodził jeszcze raz spróbować. U psychiatrów już się leczył! Po czterech miesiącach zadzwonił, oznajmiając, że więcej do pani terapeutki nie wróci i że chce pracować ze mną. I tym razem zaczęło się od kłótni, ponieważ podobnie jak w przypadku opowiedzianym wcześniej, nie chciał brać odpowiedzialności za siebie – to ja miałam go „wyleczyć". Tym razem również dałam ograniczony czas na podjęcie decyzji, mówiąc mu, że jest w stanie wyjść z sytuacji (był emigrantem bez papierów, z poważnymi problemami w relacjach z kobietami, bez pieniędzy i bez stałego miejsca zamieszkania). Oczywiście moją rolą jest mu pomóc, wskazać drogi i sposoby pracy z sobą, a także szukać wspólnie z nim zrozumienia przyczyn, które doprowadziły go do takiego stanu.

Jedno z pierwszych ćwiczeń polegało na tym, że miał wyciągnąć do mnie ręce i pozostać w tej pozycji w oczekiwaniu na moją reakcję. Od razu zareagował krzykiem, że on tego nie może zrobić. Odpowiedziałam, że raczej nie chce tego zrobić, a nie – nie może. Bo „nie mogę" znaczy, że jest jakaś siła wyższa, która nie pozwala tego zrobić, a „nie chcę" jest decyzją. Przebrnięcie przez tę sytuację zajęło całą lekcję. Następnym ćwiczeniem było głównie oddychanie dołem brzucha przy jednoczesnym ruchu miednicy. Ćwiczenia te bardzo lubił, bo uwalniały, zdawałoby się, nieskończone, pokłady smutku, rozpaczy, nienawiści i głębokiego żalu. Dosyć spontanicznie wraz z oddechem uwalniał się głos. Ćwiczenia te były dla niego okazją do wypłakania potwornego dzieciństwa, gdy był sam na sam z ojcem pijakiem. W końcu nauczył się rozmawiać z tym „ryczącym dzieckiem", by potem polubić j e, aż wreszcie wziąć je za rękę i uczyć nowych zachowań.

Po paru miesiącach znalazł pracę, potem mieszkanie, po trzech latach dostał papiery. Dziś jest już żonaty, pracuje, ma dwoje dzieci i dość dobrze sobie z sobą radzi. Jego głos także uległ zmianie. Znajomi mu mówili, że brzmi w nim pewność siebie, a jednocześnie jest ciepły. Powróciło do niego poczucie humoru.

Zabić ojca

Nie oddawaj czci tym, którzy ci ją zabrali.
Stanisław Jerzy Lec

Wrócę do przykładu związanego z pracą wokalną. Na jednej z lekcji przy moim ulubionym ćwiczeniu polegającym na śpiewaniu na jednym dźwięku albo w pochodzie kwintowym: „stka, stke, stki, stko, stku", twarz ucznia (bardzo wysokiego mężczyzny) napięła się, szczęka zaczęła złowieszczo drgać, a oczy łzawić. Zapytałam, co czuje. Bez namysłu syknął przez zęby: „nienawiść". „Co byś chciał zrobić?" – zapytałam; „zabić" – padła odpowiedź. „Kogo?" – dociekałam. „Ojca" – usłyszałam. „Zaprosiłam" go do symbolicznego aktu zabójstwa taty poprzez przedstawienie, jakby to zrobił. Po wypłakaniu się opowiedział sceny, które w czasie śpiewania stanęły mu przed oczami, a które nasycone były rzadkim okrucieństwem. Ojciec nie tylko był okrutny, ale miał także bardzo ładny tenor, który syn po nim odziedziczył. To właśnie głosu swojego ojca, który rozpoznawał w swoim, tak nienawidził. Jednocześnie kłopoty z wysokimi dźwiękami polegały właśnie na trudności zaakceptowania swoich gwałtownych nienawistnych uczuć. Nienawiść do ojca, przecież to zabronione! Ponieważ spełniał wszystkie warunki po temu, by być aktorem i piosenkarzem, miał możność korzystania z tych uświadomionych sobie uczuć do osiągania wyższych dźwięków, do wyrażania ich.

Dzisiaj śpiewa, żyje ze swojego pięknego głosu, umie rozmawiać ze swoim „wewnętrznym dzieckiem", co sprawiło, iż stał się lepszym ojcem niż jego własny.

Kopciuszek w nowej sukience

Pomyśl, zanim pomyślisz.
Stanisław Jerzy Lec

Zosia zgłosiła się do szkoły, w której pracowałam, mówiąc mi, że koniecznie chce być w mojej klasie. Od razu zapytałam, czy ma problemy z sobą. Powiedziała, że tak, ale że nie o to chodzi, bo nad nimi pracuje na seansach analizy, na którą chodzi już od siedmiu lat trzy razy w tygodniu. Na chwilę zaniemówiłam, po czym powiedziałam, że chyba razem nie popracujemy, ponieważ nie wiem, jak może być piosenkarką osoba, która daje sobą tak manipulować. By pracować ze mną, będzie musiała zrezygnować ze swojej terapii. Pierwsze spotkanie miało miejsce po publicznym występie kandydatów na przyszłych uczniów. Jej występ był najgorszy. Stanęła na scenie, szara, bez wyrazu, bez głosu, nie mając nic do powiedzenia. Trochę się zdziwiłam, że ją przyjęto do szkoły, ale tak czy inaczej jasny był dla mnie fakt, że problem tkwi gdzie indziej i by „dotknąć głosu", trzeba poruszyć sprawy zasadnicze. Miała troje dzieci, znienawidzonego męża, który w zamian za wysoki standard materialny żądał całkowitego posłuszeństwa. Podejmowała próby rozstania się z nim, ale jej terapeutka (były to półgodzinne lub piętnastominutowe seanse analizy!) odradzała rozwód mówiąc, że i tak nie da sobie rady sama z dziećmi, a poza tym na pewno wpadnie ponownie w taki sam układ. Z trudem przyszło jej pożegnać się z terapeutką, która notabene wyrzuciła ją za drzwi zaraz po usłyszeniu, że klientka odchodzi!

Następnym jej zadaniem było „przypomnienie sobie", że jest ładną, seksowną kobietą. Potem dopiero zaczęłyśmy ćwiczenia wokalne. Po dwóch miesiącach pracy wystąpiła na scenie jako zupełnie inna osoba. Zachwyciła wszystkich. Była dobrze ubrana, wyglądała ponętnie, miała ładny makijaż i śpiewała prowokacyjnie, z temperamentem. Nikt nie pojmował, jak doszło do takiej metamorfozy. Tylko ona i ja wiedziałyśmy, jak niewiele było w tym pracy nad samym głosem. Po roku rozwiodła się, znalazła pracę, porzuciła śpiewanie, bo i tym razem okazało się, że szukając głosu szukała siebie. Po dwóch latach pożegnałyśmy się. Powiedziała, że wie, jak ma z sobą pracować i że bierze całkowitą odpowiedzialność za swoje życie.

Głos uwięziony

Pod prąd własnej krwi płynąć najtrudniej.
Stanisław Jerzy Lec

Bardzo dawno temu, wtedy gdy zaczynałam lekcje od ćwiczeń wokalnych, przystąpiłam do pracy z aktorem, który był w stanie zrobić ze swoim głosem wszystko, co tylko przyszło mu do głowy. Imitował dowolne zwierzęta i ludzi, na przykład piosenkarzy. Problem polegał na tym, że bał się swojego prawdziwego głosu. Nie znał go. Nie był w stanie, bez uniknięcia gwałtownych uczuć smutku, żalu, złości i łez, wydobyć z siebie własnego dźwięku. Z czasem okazało się również, że nie jest w stanie krzyczeć, że głos więźnie mu w gardle. Trudno mi opowiedzieć wszystkie etapy pracy, tym bardziej że wiem, iż dzisiaj nie zmarnowałabym tak dużo czasu na ćwiczenia wokalne, tylko dosyć energicznie zaczęłabym od szukania powodów tego zablokowania. Okazało się, że był katowanym dzieckiem. Matka (osoba w konflikcie z prawem) bijąc go żądała, by znosił to w milczeniu, żeby sąsiedzi nie słyszeli. Dosłownie groziła mu „Jeśli będziesz krzyczeć, to cię zabiję”! Mimo że na lekcji nie było jego matki, nie był w stanie, dość długo, wydobyć z siebie krzyku oskarżającego rodzicielkę, grożącego jej. By się to udało, trzeba było przejść długą drogę, ponieważ musiał zaakceptować fakt, że on i jego głos mogą się podobać. Dodam, że głos ma piękny. W polubieniu głosu i siebie przeszkadzała mu wizja samego siebie. Sam fakt, że był mężczyzną i że nie ma w tym nic złego, był dla niego bardzo trudny do zaakceptowania – mama nie mogąc utrzymać przy sobie jego ojca, źle przyjęła fakt, że ma syna, który w dodatku – z biegiem lat – upodabniał się do dawcy genów. Następny etap pracy polegał na uczeniu się najprostszych socjalnych zachowań, których upiorna rodzicielka nie nauczyła syna. Potem musiał wymyślić siebie jako mężczyznę, amanta, człowieka, wreszcie po latach – ojca. Brzmi to paradoksalnie, ale jest bardzo wiele osób, które po prostu t r z e b a nauczyć żyć z sobą i z innymi, dbać o siebie, o dom, o odżywianie, ubiór itp. Bez tego zachowanie takiego człowieka zawsze będzie źle oceniane (co potwierdzi mu oceny jego matki). Ten uczeń robi dziś światową karierę, ma żonę, dziecko, jest wspaniałym ojcem, a mężem u c z y s i ę być. Fakt, że pasjonuje go kreowanie własnego życia, pozwala mu znosić i pokonywać wszelkie trudności. Jest jednym z tych nielicznych artystów, którzy potrafią odmówić świetnie płatnego kontraktu, jeżeli ten oddala ich na zbyt długo od dziecka. Praca z nim trwała dosyć długo, bo wtedy jeszcze nie miałam wystarczającej odwagi i środków, by iść szybciej do przodu.

Demon sukcesu

Nie zadowalamy się życiem, jakie mamy w sobie i we własnej naszej istocie; chcemy żyć w pojęciu drugim życiem urojonym i silimy się dlatego na pokaz. Pracujemy bez ustanku nad tym, aby upiększyć i zachować nasze istnienie urojone, a zaniedbujemy prawdziwe...

Blaise Pascal

...lęk przed sukcesem wypływa z obawy przed zazdrością i zawiścią ludzką, a zatem z obawy przed utratą miłości.

Karen Horney

Osoby, które w dzieciństwie nie były szanowane, które zawsze spotykały się z kpiną, powątpiewaniem i lekceważeniem, mają poważny problem z akceptacją sukcesu.

Myślę o dziewczynie, którą – gdy usłyszałam po raz pierwszy – podejrzewałam o całkowity brak głosu. Poza tym śpiewając utwór, który mówi o odejściu, szlochała tak strasznie, że praktycznie o śpiewaniu nie mogło być mowy. Na pytanie, o czym myślała, powiedziała, że o śmierci siostry. Poprosiłam, żeby jeszcze raz zaśpiewała i spróbowała myśleć tylko o przyjemności, jakiej śpiew powinien jej dostarczać. Spojrzała zdziwiona. Uczono ją dotąd, że utwór musi być nasycony prawdą emocjonalną! No cóż, nie po raz pierwszy się z tą teorią spotykam! Wyjaśniłam, że przede wszystkim chcę, by miała przyjemność ze śpiewania. Może o niczym nie myśleć, ma skupić się jedynie na każdym słowie piosenki bez próby interpretacji i zobaczyć, co ta piosenka z niej wyciągnie. Natomiast gdy w przyszłości dojdzie, w pracy nad sobą, do zgody ze swoimi przeżyciami, one same znajdą drogę i moment, by się ujawnić i wzbogacić jej głos i interpretację. Wkrótce okazało się, że mam do czynienia z osobą wybitnie utalentowaną.

Po pierwszym udanym koncercie aplauz publiczności przyprawił ją o ciężką depresję. Wróciły wszystkie demony z dzieciństwa. Po jakimś czasie (i tak często bywa) poczuła się wszystkowiedzącą gwiazdą i... poszła na pierwsze nagranie bez przygotowania! Rezultat sprowadził ją na ziemię. Nie zamierzam opowiadać jej życia. Powiem tylko, że wypełnione było kłamstwem, w konsekwencji którego nigdy nie była pewna, czy to, co widziała, naprawdę miało miejsce. Poza tym była dzieckiem, które nie miało prawa głosu i któremu niemal nigdy nie mówiono dobrego słowa. Gdy jej powiedziałam, że jest wybitnie uzdolniona, przeżywała to przez wiele dni raz z radością, raz z wściekłością na mnie za moje słowa. „Jak to jest, że tylko ty mi to mówisz?! – wykrzykiwała. – Dlaczego moi rodzice tego nie widzieli? A jeżeli się mylisz i to nie jest prawda? A dlaczego mam ci ufać?". (Jeśli chodzi o kwestię zaufania, która dość często jest poruszana przez uczniów, zawsze odpowiadam, że nie mają mi ufać, mają sprawdzać, czy praca ze mną daje oczekiwane rezultaty. To ma być czysta matematyka).

Oczywiście konflikt, z którym się borykała, wynikał z rozbieżności między wyobrażeniem, jakie miała na temat swych rodziców, a tym, jacy byli naprawdę. Jest to częsty i bardzo poważny konflikt wewnętrzny. Naturalnie to przede wszystkim rodzice powinni byli dostrzec i pomóc rozwinąć liczne talenty córki! Teraz potrzebuje ona dużo odwagi i samodyscypliny, by nie cofnąć się, tylko pójść dalej.

W poszukiwaniu własnego głosu

Trudność w zaakceptowaniu sukcesu to bardzo często spotykany problem.

Inny przypadek to piękny młody człowiek śpiewający repertuar znanego barda, naśladujący go w brzmieniu głosu i ekspresji. Oczywiście zwróciłam uwagę, że nie wiem, jaki jest jego prawdziwy głos i że udawanie przede mną kogoś innego mnie nie interesuje. Naturalnie miał już swoją, uwielbiającą go publiczność i paru fachowców, którzy nakazywali mu taki albo inny gest. Zaczęliśmy od znanego mu repertuaru. Moim pierwszym wymaganiem było wyrzucenie wszystkich nauczonych gestów. Tym bardziej że jedyne wytłumaczenie na używanie przez siebie jakiegoś gestu brzmiało: „tak mi kazano". Potem wypytałam go, o czym śpiewa i dlaczego tak krzyczy. Wreszcie prosiłam, by śpiewał cichutko i przy minimalnym wysiłku. To sprawiało mu trudność. Na następną lekcję zaprosiłam go, pod warunkiem że będzie gotów na szukanie w głosie s i e b i e, a nie ulubionego barda. Chętnie się zgodził. Gdy jeszcze dodałam, że w jego postawie kryje się jakby strach przed ujawnieniem się, a jednocześnie coś go do tego ciągnie (fakt, że zgodził się na proponowaną przeze mnie pracę tego dowodzi), przyznał, iż ma za sobą terapię, w trakcie której ujawnił się jego homoseksualizm. Od następnej lekcji pracowaliśmy na przemian nad utworami, które wykonywał na koncertach, i nad pojedynczymi dźwiękami, które miał śpiewać przy minimalnym wysiłku. Okazywało się, że te j e g o dźwięki (za każdym razem go wzruszały) są bardzo słabe i najczęściej nie dociągnięte. Podobnie było z końcem frazy, która opadała, brakowało mu powietrza i potrzebował użyć ogromnej energii, by zacząć nową frazę. Ponieważ problem, który występuje w głosie, musi również w jakiejś formie występować w życiu, okazało się, że ten piosenkarz zazwyczaj robi sto rzeczy naraz i w związku z tym często zostawia je nie dokończone. Gdy zaś z kimś rozmawia, połyka końcówki słów – a to jest oznaką niepewności, czy będą nas słuchać, czy nam nie przerwą w środku zdania itd. Poza tym ze strachu, że mu zabraknie powietrza, zużywał go za dużo.

Pomału, dzięki pracy nad otwarciem, akceptacji pewnych niedoskonałości wokalnych, ćwiczeniom spółgłosek (z korkiem w zębach) wszystko w jego śpiewaniu i życiu poczęło się zmieniać. Zaczął szukać innego repertuaru, własnych gestów, słuchać siebie więcej niż innych i zadawać sobie często pytanie, czy utwór lub wybrany kierunek są zgodne z jego poszukiwaniami. Rezultaty nie dały na siebie długo czekać. Po roku pracy zaczął się wyraźny proces poważnych zmian w jego życiu zawodowym i rodzinnym.

Grzeczny synek

Bolesny jest poród człowieka, zwłaszcza
gdy rodzi siebie sam w wieku dorosłym.
Stanisław Jerzy Lec

Zgłosił się do mnie 30-letni mężczyzna skarżąc się na trudność, jaką mu sprawia występowanie przed publicznością, przy czym jego praca często tego od niego wymagała.

Zaczęliśmy od ćwiczeń relaksujących. Zauważył poważne napięcia karku, szyi, dołu brzucha. Oprócz pracy mającej zapewnić wyżywienie rodziny (żona plus dwoje dzieci) zajmował się amatorsko filmem. W tym samym czasie jego firma zorganizowała kurs mówienia publicznego. Najciekawsza część naszej pracy miała miejsce właśnie po takich zajęciach, kiedy mój uczeń przyszedł na nasze spotkanie z „pianą nienawiści na ustach" z powodu jednego z uczestników, który mówił same głupoty z tupetem i przekonaniem. Nikt na to nie reagował. Zapytałam go, dlaczego on milczał, jeżeli aż tak go to irytowało. Odpowiedział, że czuł się zablokowany, i to go jeszcze bardziej rozwścieczyło. W dalszym ciągu, mówiąc o tym wydarzeniu, nie mógł się uspokoić. Ponieważ jego reakcja na incydent była niewspółmierna do ważności wydarzenia, poprosiłam mężczyznę o próbę sprecyzowania, co się działo i dzieje w sferze uczuciowej w chwili, gdy o tym mówi. Wyznał, że czuje nienawiść, bezsilność, smutek, żal. Zapytałam, czy te uczucia są mu dobrze znane. „Chyba tak" – przyznał. Poprosiłam, by sięgnął pamięcią do przeszłości i zobaczył, czy staje mu przed oczami scena, w której te uczucia nim władały. Owszem, pamięta, jak ojciec krzyczał na jego starszą siostrę (zaczął relację spokojnie i wraz z powracającym wspomnieniem łzy napływały mu do oczu i trudno mu było mówić). Ojciec nie tylko krzyczał, ale i znęcał się nad córką bijąc ją bez litości, a do tego obecnego podczas awantury osłupiałego i przestraszonego brata stawiał jej za przykład grzecznego dziecka. Siostra nie dawała za wygraną i mimo maltretowania próbowała walczyć o swoje racje. Mój uczeń był wielokrotnie świadkiem takich scen. Strach przed ojcem zabierał mu głos, a uczucie bezsilności, niesprawiedliwości, wściekłości i poczucie winy stały się jego duszącym się głosem wewnętrznym, któremu nie wolno było wyjść na światło dzienne. O wiele łatwiej uczucia te ujawniały się wobec innych osób, które nadużywając władzy zmuszały słuchaczy do wysłuchiwania bredni.

Gdy skończył opowieść, był kompletnie wyczerpany, ale jednocześnie trochę rozluźniony. Zrozumiał też, że i on jest często niesprawiedliwy dla swoich dzieci i choć zawsze tego żałuje, podobnie jak ojciec (nie wiem, czy ojciec żałował swoich czynów), nigdy nie powie „przepraszam". Stąd już było mu łatwo zrozumieć, dlaczego blokuje mu się głos. Praca nad tym miała polegać na „reedukacji" DZIECKA i przypomnieniu m u, że ta osoba przed nim czy na scenie (dyrektor czy kolega z pracy) to nie jego ojciec, a o n już nie jest małym chłopcem.

Zapytałam, czy nie myśli, że warto byłoby porozmawiać o tym, co się stało z ojcem i matką (która też była bezsilna!). „Na to nie mam odwagi" – stwierdził. „A co się stało z siostrą?" – zapytałam. Po długim milczeniu wreszcie wydusił z siebie, że siostra jest w szpitalu psychiatrycznym chora na schizofrenię. Rodzeństwo nie odwiedza siostry i na ten temat się nie rozmawia z rodzicami, by nie sprawić im przykrości!!! Z głosem zaczął sobie nawet nieźle radzić, podjął też próby zmiany swoich agresywnych zachowań wobec dzieci, ale o postawieniu rodzicom paru pytań-oskarżeń w twarz nie było mowy. Strach przed reakcją ojca pozostał tak samo silny jak za dawnych czasów. Gdy kończyliśmy pracę, powiedział, że może kiedyś zdobędzie się na odwagę i pójdzie na terapię, ale na razie jest na to za wcześnie. Był zadowolony, że wie, którą drogą może pójść, jeśli zechce.

Ten przykład po raz kolejny świadczy o tym, że przesadna reakcja na jakąś sytuację wskazuje na zachowanie DZIECKA. Jest to reakcja na coś bardzo dobrze m u znanego, co rozbudza „odruch psa Pawłowa".

Rozkwitła codzienność

Przyszedł do mnie młody człowiek na lekcje śpiewu. Olivier już wcześniej uczęszczał na lekcje śpiewu klasycznego. Ponieważ słyszał mnie na jakimś koncercie, chciał spróbować pracy ze mną. Na pierwszej lekcji zaproponowałam mu krótką relaksację. Spotkałam się z kategoryczną odmową. Wytłumaczył, że ćwiczeń rozluźniających zabroniła mu terapeutka, z którą robił ćwiczenia oddechowe i raz o mało „nie odjechał".

W związku z tym oznajmiłam, że nie bardzo wiem, jak pracować nad głosem z kimś, kto ma cały czas napięte ciało. Zaproponowałam, żeby powtarzał sobie do lustra (zgodnie z zaleceniami amerykańskiej metody), że kocha samego siebie, ponieważ – jeśli uda mu się to zrobić – może mu to zapewnić, na jakiś czas, dobre samopoczucie. Powiedziałam mu też, żeby wrócił do mnie, gdy już będzie mu wolno się rozluźnić. Minęły chyba dwa czy trzy lata, gdy dostałam telefon z zapytaniem, czy może do mnie przyjść. Był po próbie samobójstwa. Opowiedział, że ma dosyć, nie wie, co z sobą zrobić, że ma różne fobie, wszystkiego i wszystkich się boi, że chodzi na terapię do psychiatry, bierze leki, pije alkohol. Zaproponowałam mu, że na okres trzech miesięcy wystąpię w roli matki adopcyjnej jego „wewnętrznego dziecka", pod warunkiem że będzie wykonywał to, o co go proszę. O śpiewaniu na razie nie mogło być mowy. Oczywiście, ponieważ jest bez pracy, przez ten czas nie musi płacić za lekcje. Umowa stanęła i natychmiast zażądałam, żeby wyszedł i przebiegł się dwa razy dookoła pobliskiego, dość dużego parku i wrócił na dalszy ciąg lekcji. Warto sobie zdać sprawę z sytuacji. Mam przed sobą kogoś osłabionego szpitalem, ledwo trzymającego się na nogach, przygnębionego, nie wierzącego w swoje siły, a ja mu każę biegać! Otóż sposób, w jaki do niego mówiłam i brzmienie mojego głosu informowały go o tym, iż nie mam żadnej wątpliwości (i nie miałam), że ma on dosyć siły, by to zadanie wykonać. Chciałam po pierwsze, żeby uwierzył w swoje siły, no i oczywiście dotlenił się, a także, żeby poprawiło się krążenie krwi, a w konsekwencji, żeby się trochę rozluźnił. Gdy wrócił, zaproponowałam, żebyśmy na razie nie rozprawiali o tym, co i kiedy się w jego życiu stało – bo już po różnych przebytych terapiach może z pewnością napisać o sobie książkę – tylko żebyśmy najpierw zajęli się wprowadzaniem ładu w jego życie. A więc ma codziennie wykonywać minimum godzinny jogging i to niezależnie od pogody. Całkowicie zaprzestać picia alkoholu i stopniowo zmniejszać porcje tabletek psychotropowych. W ciągu tych trzech miesięcy musi znaleźć pracę!

Słuchał tego wszystkiego z osłupieniem, ale mój, n i e z n o s z ą c y s p r z e c i w u głos, oznajmiał mu, że to wszystko leży w zasięgu jego możliwości i nie przyjmuję do wiadomości, że może być inaczej. Dalsza część pracy polegała na planowaniu każdego dnia, rozmowie z DZIECKIEM, wyplenieniu starych nawyków, tworzeniu nowych zachowań, właściwym odżywianiu się. Pomału zaczął dochodzić do siebie. Biegał dwa razy dziennie, planował każdy dzień, wieczorem podsumowywał wyniki i przy każdym najmniejszym sukcesie sobie (a raczej DZIECKU) gratulował. Po miesiącu znalazł pracę. Oprócz cotygodniowych spotkań mógł do mnie dzwonić o każdej porze (nigdy tego nie nadużył!). Po trzech miesiącach powiedziałam, że powinien zrezygnować ze swojego psychiatry i albo znaleźć innego terapeutę, albo, jeśli moje podejście do sprawy mu się podoba, możemy kontynuować pracę próbując pomału włączać do pracy głos. Z wielkim trudem przyszło mu rozstanie się z psychiatrą. Bał się jego reakcji. Gdy się wreszcie zdecydował, terapeuta wyraził żal, że odchodzi właśnie teraz, kiedy jego leczenie daje rezultaty (!) Po miesiącu wznowił zajęcia i włączył się też do pracy w sześcioosobowej grupie, gdzie powoli, „trzymając DZIECKO za rękę", zaczął próbować ćwiczeń relaksacyjnych i wreszcie **wydobywać z siebie**, przed innymi, **głos**. Okazało się, że nie tylko jest ogromnie przystojny – dzięki odrzuceniu alkoholu, przyzwoitemu odżywianiu się i odstawieniu leków ustąpiła opuchlizna i znacznie wyszczuplał – ale i głos ma piękny. Dla niego – podobnie jak dla wielu innych, z którymi pracowałam, **zaakceptowanie swojego głosu i tego, że się ten głos podoba innym, jest bardzo trudne**. Strach przed oceną i pogodzenie się, uwierzenie, że głos się podoba innym, że wyraża śpiewającego, powoduje często głębokie wzruszenie. Tak było i tym razem. Dużo przyszło mu się napłakać, by najpierw poznać, zaakceptować i wreszcie polubić ten ładny głos-DZIECKO.

Dzisiaj śpiewa i recytuje odnosząc sukcesy. Ma przyjaciół, pracę, ładne mieszkanie. Nauczył się prowadzić dialog ze swoimi demonami na tyle skutecznie, że umie być z siebie i życia zadowolony. Niejednej już osobie udzielił bardzo skutecznej pomocy. Kontynuuje jogging i chodzi na gimnastykę. Ponieważ jestem bardzo dumna z tej pracy, pozwolę sobie zacytować tekst, jaki o niej napisał:

Spotkałem Anetę w momencie, kiedy depresja siała spustoszenie w moim organizmie, ja zaś włóczyłem się z moją rozpaczą od psychiatrów do sofrologów. Były to najokropniejsze lata mojego życia – całkowicie zagubiony między lekarstwami i alkoholem, bałem się wszystkiego i miałem tylko jedno pragnienie: umrzeć.

Nic już nie mogło zmniejszyć mojego bólu i staczałem się coraz niżej. Nie pomagali mi już ani psychiatrzy, ani ich lekarstwa. Nikt nie chciał usłyszeć tego DZIECKA we mnie, które wykrzykiwało jak obłąkane całe zło, jakie mu wyrządzono: pogardę, brak miłości, terroryzm mojej matki. W końcu nie byłem już w stanie zrobić nawet kroku w kierunku drugiego człowieka. Jedynie alkohol dawał złudzenie, że wytrzymam to wszystko.

Kiedy spotkałem Anetę, byłem tego całkowicie nieświadomy. Zaufałem jej i temu, co mi zaproponowała. W efekcie cierpiałem o wiele mniej i udało mi się lepiej opanować mój lęk. Przestałem go negować, czy też poddawać mu się całkowicie. Ten lęk przed AIDS, który stał się prawdziwą fobią, zawładnął każdą cząsteczką mej istoty, każdym momentem mojego życia. Byłem przekonany, że umrę na tę chorobę.

W bardzo krótkim czasie udało mi się dokonać rzeczy, które wcześniej były dla mnie niewyobrażalne. Działo się tak dlatego, że praca z Anetą dawała mi ku temu środki, a przede wszystkim przywracała mi ochotę do życia.

Psychiatrzy leczyli mnie lekarstwami, mówiąc o kompleksach i nerwicach oraz o czasie (bardzo długim!), jaki będzie musiało trwać moje leczenie. Sofrolog zabronił mi nawet robienia relaksacji, gdyż według niego było to dla mnie niebezpieczne! Właśnie poprzez relaksację Aneta pomogła mi znaleźć drogę do wyzdrowienia. Dzięki wspomnianym terapeutom moje cierpienie powiększało się, ich praca nic mi absolutnie nie przyniosła. Miesiącami cierpiałem jak zbity pies, a wszystko dlatego, że nie chcieli mnie słuchać.

Aneta wysłuchała tego DZIECKA, które krzyczało, i pokazała mi, jak nawiązać z nim kontakt, jak je prowadzić i jak nauczyć żyć. Wskazując mu drogę, zabierając je nawet tam, gdzie ze strachu nie chciało iść, mówiąc mu, że ma prawo być kochanym, wyrażać swe pragnienia i realizować się, nauczyłem je życia, które nie było już potwornym życiem, jakiego uczyli je jego rodzice.

Nieraz opory były straszliwe, ale mogłem iść do przodu mimo lęku, a nawet z lękiem. Przezwyciężyłem moje fobie, nie poprzez ich negowanie czy szukanie dla nich wytłumaczeń, ale akceptując je, a nawet wyolbrzymiając i dyskutując z nimi niczym z żywymi postaciami.

Aby nauczyć się śpiewać, a przede wszystkim zaakceptować fakt, że będę śpiewać, trzeba mi było dużo wiary w siebie i woli: dokładny plan pracy, sprawienie, by DZIECKO zaczęło pracować, wyobrażenie sobie, że śpiewa, i spowodowanie, by śpiewało. Są takie chwile w pracy, że nie można szukać wykrętów. Trzeba przez nie przejść z niezachwianą wolą. Nieraz miałem wrażenie, że mam przed sobą dziecko autystyczne i w tych właśnie momentach nie mogłem ustąpić przed nim. W przeciwnym razie wszystko byłoby z góry stracone. Trzeba powtarzać bez przerwy, zmuszać bez ustępstwa do parcia naprzód, z całą miłością i z całym zaufaniem, na jakie można się zdobyć. I bez przerwy próbować rzeczy nowych. Aby śpiewać, przeszedłem od murmuranda do krzyku. Między jednym a drugim musiałem znaleźć moje miejsce, mój głos. Gdybym nie próbował, jakże mógłbym go znaleźć? Teraz śpiewam przed publicznością z przyjemnością i bardzo lubię to szczęście, tę radość, które daje mi mój głos, kiedy śpiewam...

W ciągu trzech lat przeszedłem przez tysiące różnych stadiów – przez momenty ogromnej radości i chwile absolutnej blokady, do tego stopnia, że nieraz nic już nie rozumiałem z tego, co Aneta mi mówiła. Zdarza się to i dzisiaj. Przyzwyczajenia są tak silne, że nowe informacje są niekiedy dla mnie zupełnie niezrozumiałe, a mimo to za każdym razem jakby otwierało się nowe okno, a ja z całych sił pragnę świeżego powietrza. I pracuję i nie chodzi o to, by koniecznie zrozumieć, ale by reagować, bo panika może być straszliwa – na myśl o miłości, przed decyzją do podjęcia, wobec nowego progu do przekroczenia. Wiem, że bez woli nie uda mi się tego przeskoczyć, a to, co Aneta mi proponuje, musi być zrobione przeze mnie i tylko przeze mnie przy całym wysiłku mojej wyobraźni i inteligencji. Aneta mnie prowadziła, ale tak naprawdę to ja musiałem znaleźć we mnie zasoby i wyobrażając sobie, akceptując, że mogę zrobić to, czego pragnąłem, w końcu osiągałem to i nauczyłem się żyć inaczej.

Jeszcze cztery lata temu byłem rozbitkiem, dzisiaj żyję i wierzę w życie. Przestałem wegetować, teraz mogę decydować o tym, że chcę żyć i jak chcę żyć.

W gabinetach psychiatrów czułem się jak tonący. Oni siedzieli w łodzi i tłumaczyli mi, że to niedobrze być w podobnym stanie, że poszukamy rozwiązania, jak mnie z tego wyciągnąć, a ja czułem, że schodzę coraz bardziej na dno i

„Chwilę jeszcze tylko trzeba było
I śmierć by nadeszła
A wtedy ręka się pojawiła
I z moją się zeszła
A z nią, niczym latem wspaniałym, codzienność zakwitła...”.

Za każdym razem, kiedy śpiewam tę piosenkę Louisa Aragona, myślę o Tobie, Aneto, o tym „wspaniałym lecie” i z głębi serca dziękuję Ci za wszystko, za wszystko – kiedyś, za wszystko – teraz i za wszystko – jutro.

Olivier

O wybaczaniu

A teraz parę ogólnych uwag o powtarzających się problemach, jakie nasuwają mi się z perspektywy ponaddwudziestoletniej praktyki, i kilka pomysłów, jak się zabrać do ich rozwiązywania.

Źródłem jednego z poważniejszych konfliktów wewnętrznych człowieka jest trudność w przebaczeniu rodzicom pewnych doznanych od nich krzywd. Tym bardziej że wiele terapii i tradycji religijnych zaleca – nakazuje – przebaczanie jako sposób na uzyskanie lepszego samopoczucia, na odnalezienie harmonii z samym sobą. Otóż zgadzam się z tym jedynie pod warunkiem, że chodzi tu o **umiejętność przebaczania sobie samemu tego, że nie zawsze możemy przebaczyć.**

Przebaczanie sobie samemu niemożności wybaczenia pewnych krzywd jest właśnie bardzo skuteczną terapią, gdyż pozwala po jakimś czasie uwolnić się od męczącego uczucia palącej nienawiści. Bywa też (oczywiście jeśli nie mówimy o sadystycznych rodzicach), że możemy osiągnąć całkiem poprawne, wręcz miłe stosunki z matką czy ojcem, którzy nas skrzywdzili w dzieciństwie, pod warunkiem że obie strony mają jasność co do przeszłości i akceptują fakt, że pewne czyny nie nadają się do wybaczenia.

Akceptacja czyni nas wolnymi. Bardzo ładnie ilustruje to, wzięte ze wschodnich technik, ćwiczenie, w którym dwie osoby stoją naprzeciwko siebie na odległość wyciągniętych ramion, mając stopy złączone, a ręce ich dotykają się wewnętrzną stroną dłoni. Ich zadaniem jest pchać się nawzajem, aż jedna z osób straci równowagę. Ten z partnerów, który zaakceptuje fakt bycia pchanym, automatycznie uwolni ciało od sztywności, a to da mu możliwość odchylenia się, zgięcia rąk, kolan i dzięki temu łatwo pozbawi przeciwnika równowagi. Upadnie zatem ta osoba, która pozostała sztywna.

Wielokrotnym argumentem za przebaczeniem rodzicom jest fakt, że jeśli oni zrobili nam krzywdę, to dlatego, że sami w dzieciństwie się nacierpieli. Owszem, z tym trudno się nie zgodzić. Niemniej jednak z punktu widzenia dziecka nie może to być usprawiedliwieniem, bo to nie ono jest dorosłym, a więc nie do niego należy radzenie sobie z problemami rodziców. Ważne jest wyleczyć się z poczucia winy za uczucia.

Nie ma uczuć dobrych czy złych. Są natomiast uczucia, które sprawiają nam radość, i takie, które męczą, torturują umysł i ciało. Przypominam, że to właśnie uczucia złości, niezgody na konkretną sytuację wywołały niejedną słuszną rewolucję. Świadomość, że są czyny, których się nie przebacza, uczy lepiej traktować własne dzieci.

Nie ma nic groźniejszego niż całkowita bezkarność za dokonane krzywdy, a tak mniej więcej wygląda władza rodzicielska. Pozwolenie dziecku na wyrażenie jego nienawistnych uczuć, rozmawianie o nich, podobnie jak umiejętność przeproszenia dziecka (jeżeli nasza reakcja była raczej wypuszczeniem na wolność odruchu nabytego w dzieciństwie, a przez to nieadekwatna do konkretnej zaistniałej sytuacji), są bardzo pożyteczne w wychowaniu zdrowego psychicznie człowieka. Wielokrotnie o tym piszę, by podkreślić ważność w rozróżnianiu tego, co rzeczywiście się dziecku należy jako kara, a co jest niekontrolowanym aktem, w którym dziecko płaci za nie swoje winy.

Często „wewnętrzne dziecko" rodziców jest zazdrosne o wymagania ich realnego dziecka.

Na przykład matka, która we własnym dzieciństwie została pozbawiona miłości, bo „zabrał" ją młodszy od niej brat, może nieświadomie odrzucać swojego synka, który zgodnie z prawem niemowlaka będzie się domagał jej miłości i obecności. Jednocześnie będzie się obwiniać za swoje zachowanie. Gdy zrozumie, że w tych mimowolnych zachowaniach wobec synka jest małą dziewczynką, która „oddaje" bratu za zabranie jej miłości rodziców, będzie mogła „wydoroślеć" i poradzić sobie z tym problemem. Ta sama osoba (jeśli nad sobą nie popracuje), gdy będzie miała córeczkę, z jednej strony obdarzy ją nadmierną miłością, z drugiej zaś będzie obwiniać o brak serca lub egoizm, dzięki czemu wyartykułuje to wszystko, czego nie miała odwagi powiedzieć swojej mamie.

Innym nieznośnym uczuciem do zwalczenia jest **poczucie winy**. Zabija ono wszelką możliwość swobodnego rozwoju dziecka, a potem dorosłego. Dziecko potrafi się winić za wszystko, równie dobrze za rozwód rodziców, jak i za śmierć jednego z nich. W wypadku śmierci rodzice, obiektywnie oceniając, są niewinni, a tymczasem musimy pamiętać, że w pracy z sobą najważniejsze jest to nasze DZIECKO, a z j e g o punktu widzenia rodzice = bogowie n i e m o g ą umierać, mając pod opieką małe dzieci. Małych dzieci się nie opuszcza! Chcę tu podkreślić, że w pracy z sobą **trzeba sobie pozwolić** na uczucia złości, nienawiści, żalu, rozpaczy i pamiętać, że mają one rację bytu, gdyż są niezgodą na opuszczenie, bezbronność i bezsilność. Przypomnę, że często reagujemy właśnie jak dzieci, gdy stracimy kogoś bliskiego. Ileż to razy słyszymy o umarłym „dlaczego on – ona mi to zrobił (a)!" lub winimy się za to, że nie zrobiliśmy czegoś, co należało zrobić.

Mamy prawo do wszelkich uczuć! Uczucia takie jak nienawiść, zazdrość czy wściekłość są same w sobie wystarczająco bolesne, by się jeszcze karać za nie poczuciem winy.

Przypomina mi się program dokumentalny w TV francuskiej o obozie w Drancy, do którego wywożono Żydów z Paryża. Były tam też dzieci. Ze wzruszeniem słuchałam wypowiedzi pewnej pani, której udało się uniknąć Auschwitz. Gdy trafiła do Drancy, miała – jeśli dobrze pamiętam – osiem lat. Była świadkiem (jak i pozostałe dzieci) wywożenia rodziców po uprzednim rozebraniu ich do naga. Dziennikarz skomentował jej wypowiedź stwierdzeniem, że pewnie wtedy skończyło się dla niej dzieciństwo. Na co ona odpowiedziała, że wtedy straciła wiarę w osoby dorosłe i była zła na rodziców, że jej nie obronili. Potem przez wiele lat śniło się jej, że zdradza matkę albo że matka ją zdradza.

Myślę, że większość (jeżeli nie wszystkie) dzieci doznawały takiego samego uczucia rozczarowania. Bo jeżeli ci potężni ludzie-bogowie, jakimi są rodzice dla dziecka, nie mogą dziecka obronić, to już jest koniec świata. Potrzeba odrobinę wyobraźni, żeby z pozycji dziecka zobaczyć ten dramat. Owszem, dzieci wiedziały, że źli ludzie krzywdzą ich rodziców, potem też były świadome, co się z nimi stało, ale to wcale nie zmniejsza złości wynikającej z bezsilności i tego, że bezsilność rodziców jest dla dziecka bardzo trudna do zrozumienia. Wiedząc, jaka krzywda się wydarzyła rodzicom, dziecko wini się za odczuwaną złość i chowa ją głęboko w sobie lub kieruje przeciwko sobie.

Niestety, często wydaje się nam, że nie mamy prawa do pewnych uczuć i myśli. Najbardziej typowym przykładem jest uczucie zazdrości, którego najczęściej rodzice każą nam się wstydzić.

Zazdrość jest synonimem poczucia niższości. Jest to uczucie bardzo bolesne i by sobie z nim radzić (nie wierzę w wyleczenie się), trzeba nauczyć się o nim mówić, przestać z nim walczyć, natomiast zrozumieć, że będzie nam dokuczało przez całe życie.

Pamiętajmy, że uczucia nie nadają się do perswazji. Nie należy szukać logiki w emocjach, można natomiast, by je lepiej zrozumieć, znaleźć ich źródło w naszym dzieciństwie. Gdy zazdrość nas spala i żadne dialogi z „wewnętrznym dzieckiem" nie pomagają, wtedy warto poinformować obiekt zazdrości o tym, że byliśmy skaleczeni w dzieciństwie dostatecznie głęboko, by przy byle sytuacji odezwał się nasz odruch warunkowy powodując „krwawienie" dawnej rany i że prosimy partnera o wzięcie tego faktu pod uwagę (jeśli nie chce nam świadomie sprawiać bólu). Bardzo ważne jest zdanie sobie sprawy z potęgi tego uczucia. Trzeba być wobec siebie bardzo uczciwym. Gdy na przykład atakujemy partnera, że zostawił nas na długo bez znaku życia, zmartwionych, że stało się coś tragicznego, podczas gdy prawdziwą naszą bolączką była myśl, że był on z kimś innym, warto wtedy zatrzymać się w tej „humanitarnej" akcji i powiedzieć, że jesteśmy zazdrośni i że rana jest stara, bardzo bolesna, a więc prosimy na przyszłość o niezadawanie niepotrzebnego bólu. Można to również zrobić żartobliwie. Inaczej mówiąc, jakby zrzucamy nasz problem na partnera. Przypomina mi to świetny żydowski kawał:

Małe miasteczko, druga w nocy, Szlomo nie może spać, wierci się w łóżku. Żona pyta go, co mu jest, a on na to, że właśnie upłynął termin spłaty jego długu, 200 dolarów, wobec Samuela z naprzeciwka. Nie ma tych pieniędzy, więc się martwi i nie może spać. Na to żona wstaje, otwiera okno i woła Samuela. Ten, obudzony, otwiera okno i na pytanie „co się stało?" słyszy odpowiedź: „Szlomo nie odda ci jutro pieniędzy". Żona zatrzaskuje okno, wraca do łóżka i mówi do męża: „Teraz on nie będzie spał".

Można również obronić DZIECKO, domagając się w j e g o imieniu potwierdzeń, które uspokoją naszą zazdrość. Na przykład kobieta, która od dzieciństwa miała kompleks na punkcie swojego wyglądu (wszystkie dziewczyny były, jej zdaniem, ładniejsze od niej), ogląda razem z ukochanym film, w którym piękna bohaterka wywołuje zachwyty partnera i przez to prowokuje uczucie zazdrości wobec „piękniejszej od niej" aktorki, powinna (zamiast wpadać w zły nastrój, nie informując partnera, dlaczego) przytulić się do ukochanego i poprosić, by jej powiedział, że dla niego jest najpiękniejsza, najważniejsza i że jej na inną (nawet na aktorkę) nie zamieni. Trzeba zapewnić DZIECKU potwierdzenie j e g o miejsca.

Oczywiście w wypadku kompleksów i ran z dzieciństwa, tak jak i przy innych uczuciach, logika nie ma nic do rzeczy. Przykładem może być najpiękniejsza pod słońcem kobieta, która nic o swojej urodzie nie wie (ponieważ nie widziano jej jako takiej w domu rodzinnym) i do której żadne argumenty o jej piękności nie przemówią. Pojawia się pytanie – dlaczego rodzice nie potrafili jej urody docenić? Czy to możliwe, żeby nie widzieli, że jest ładna? Tymi pytaniami stopniowo burzy się dawny świat, a jeśli nie jest się na to gotowym, podświadomie doprowadza się partnera do zachowań, które potwierdzą to, co o sobie i o innych z a w s z e wiedzieliśmy – w tym wypadku, że brak nam urody, a więc nie możemy się podobać.

Można by w nieskończoność mnożyć tego typu przykłady. Istotą rzeczy jest jednak nauka obserwacji i reedukacji naszych zachowań na podstawie informacji płynących z naszego głosu. Jest to również nauka o świadomym rozpoznawaniu i używaniu naszych uczuć, czym wzbogacimy nie tylko głos, ale i wszystkie nasze działania.

Ćwiczenia do pracy z głosem

Dla tych osób, które chciałyby spróbować samemu pracy z głosem, podaję kilka moich ulubionych ćwiczeń:

1. Rozluźnienie ciała, najpierw w pozycji leżącej, potem na stojąco, ze szczególną uwagą na: czoło, szczęki, gardło, język, ramiona, dół brzucha, pośladki, by potem zająć się obserwowaniem oddechu. Najczęściej robi się to poprzez powtarzanie sobie formuł typu: „moja ręka jest ciężka,

moja ręka jest ciepła", lub przez dodatkowe wzmacnianie napięcia kolejnych mięśni i puszczanie ich luźno.

2. Szukanie w sobie potrzeby westchnięcia, „wydechu ulgi". Najpierw bez dźwięku, a potem z dźwiękiem. (Coś jakby mruczenie, trzeba przy tym obserwować spowodowane nim wibracje).
3. W pozycji stojącej gwałtowne spuszczanie głowy i kręgosłupa („spadanie" na zgiętych kolanach tak, by „zawisnąć" na kości ogonowej) wraz z dowolnym (wołającym) dźwiękiem, na przykład: hej! przy powrocie do pozycji stojącej. Ćwiczenie to dobrze jest wykonywać szybko, by dźwięk był naprawdę naturalny. Potem powtórzyć wolniej, obserwując, czy tak samo udało się je zrobić.
4. Śpiewanie dowolnych dźwięków z jednoczesnym przyjęciem różnych pozycji ciała. Przez dowolne dźwięki rozumiem dźwięki, które przychodzą nam z łatwością. W pozycji leżącej na plecach, na boku, na brzuchu, z opuszczoną głową, zgiętymi kolanami itp. Wykonując je możemy jednocześnie tańczyć, wyginać się, czytać gazetę. Chodzi tu o odwrócenie uwagi od głosu. Potem na dalszym etapie to samo, ale tym razem ze śpiewaniem długich dźwięków.
5. Mruczenie na różnych wysokościach skali. (Tak wysoko, jak możemy to zrobić bez większego wysiłku i z przyjemnością).
6. „Uhum" wyrażające różne sytuacje i stany, np. zdziwienie, zgodę, niezgodę.
7. Śpiewanie na jednym dźwięku swojego imienia (starać się przy tym wyrażać miłość do tego imienia, a więc do siebie samego (lub do DZIECKA).
8. Śpiewanie, na dowolnej melodii – wchodzącej i schodzącej – zdań twierdzących (przez siebie wymyślonych) określających nasze pozytywne cechy czy marzenia. Na przykład: *jestem zdolna (y), mam powodzenie, mam świetnych przyjaciół* itp. (Używać do tego czasu teraźniejszego!).
9. Z korkiem między zębami (włożonym tak, by nie zamykał całych ust) ćwiczenie spółgłosek – najpierw pojedynczych, a potem grup spółgłosek z samogłoskami. Na przykład:

„stka, stke, stki, stko, stku”. Początkowo każdą spółgłoskę oddzielnie, a potem wszystkie naraz, na jednym oddechu, wyrażając nimi jakieś odczucia, najlepiej agresywne. Próbować w ten sposób „nakrzyczeć” na kogoś. Takie ćwiczenie, dobrze wykonane, bardzo często pozwala odkryć ogrom ukrytej agresji. Inną jego zaletą jest to, że jest bardzo energetyzujące. Trzeba uważać, żeby na samogłosce nie wypuścić całego powietrza, gdyż można nadwyrężyć struny głosowe. Ćwicząc, jednocześnie obserwujemy pracę mięśni brzucha, podbrzusza i okolic splotu słonecznego, by zapamiętać funkcjonowanie naszego organizmu. Wszelkie próby opowiedzenie uczniowi, co ma czuć, są bzdurą, bo każdy odczuwa swoje ciało inaczej. Gdy na przykład w czasie prostego artykułowania krótkiego dźwięku na „sz” spostrzeżemy, że się źle czujemy, odczuwamy pewnego rodzaju niepokój, to znaczy, że wzięliśmy za dużo powietrza, za wysoko. Tak czy inaczej trzeba słuchać swojego ciała i kiedy czujemy, że coś nas gniecie w dołku, trzeba przerwać ćwiczenie, przeciągnąć się i pozwolić sobie na chwilę oddechu i oddychania, do jakiego jesteśmy przyzwyczajeni. Pamiętajmy, by szanować samych siebie i nie wymagać rzeczy niemożliwych. Wracając do spółgłoski przypomnę, że odgrywa ona rolę cyngla, który wysyła w świat samogłoskę. Samogłoska ma się czuć tak pewnie i swobodnie jak akrobatka na górze solidnej ludzkiej piramidy.

10. Szczekanie. Pozwolenie sobie na rolę złego, groźnego psa, przy jednoczesnej obserwacji ciała i zapamiętaniu, które jego części biorą w tym udział. Dzieciom bardzo się podoba to ćwiczenie i lubią, gdy dorośli reagują pokazując, jak bardzo boją się tego pieska.
11. Gwizdanie długich dźwięków.
12. Zabawa głosem, wołanie kogoś, na przykład wyobrażanie sobie, że w dali dostrzegamy kogoś, kogo bardzo dawno nie widzieliśmy, i chcemy go z całych sił zawołać. Ponownie chodzi o nabranie zaufania do własnego ciała, które na precyzyjnie sformułowaną myśl-żądanie znakomicie je wykonuje.

13. Śpiewanie utworu, który sprawia trudność, z jednoczesnym skupianiem uwagi na czymś innym, na przykład na czytaniu jakiegoś tekstu lub obmyślaniu choreografii tanecznej czy trudnych ruchach ciała. Inaczej mówiąc, należy zostawić ciału realizację utworu.
14. Śpiewak, aktor musi utrzymywać ciało w świetnej formie fizycznej, a więc konieczne jest uprawianie sportu, gimnastyki. Z jednej strony, jego ciało musi być sprawne, umięśnione a z drugiej, powinien nauczyć się rozluźniania dowolnej jego części.
15. Śpiewanie długich dźwięków. Najpierw o jednakowej mocy, a potem trzeba przechodzić od cichego śpiewania poprzez coraz głośniejsze, aż do najgłośniejszego, po czym należy stopniowo wracać, schodząc głosem do jak najcichszego dźwięku. To jest znakomite ćwiczenie, pod warunkiem że szanujemy swój głos. To znaczy, że w miejscach, w których nie brzmi tak, jakbyśmy chcieli, nie pchamy go, akceptujemy go natomiast takim, jaki jest. Tak ćwiczony głos powoli wzmocni się i wyrówna.
16. Ćwiczyć postawę ciała wyobrażając sobie, że czubek głowy pnie się nieustająco w górę. Tak, jakbyśmy byli zawieszeni na kosmyku włosów. Sylwetka ma być prosta, ale nie napięta. Głowa lekka jak balon, zaczepiona na ostatnim kręgu kręgosłupa szyjnego.
17. Dawać sobie czas na wdech. Często nasz oddech (wdech) przypomina tik nerwowy. Powodem może być strach przed słuchaczem. Boimy się, że nie wystarczy nam czasu na powiedzenie wszystkiego, że słuchacz przestanie nas słuchać i stąd tego rodzaju astmatyczne pobieranie powietrza.
18. Szeroko otwierać usta. Wręcz przesadnie. Mówiąc czy śpiewając robić grymasy, wykrzywiać twarz we wszystkie strony. Pozwala to na swobodne cyrkulowanie powietrza.
19. Opuszczanie szczęki tak, by nasza twarz przypominała twarz osoby upośledzonej umysłowo, i obserwowanie ilości powietrza, jakie pobiera nasze ciało.
20. Otworzyć usta mówiąc spółgłoskę „l”, po czym opuścić język bezwładnie, tak by leżał z tyłu dolnych zębów. Nie opuszczać go, ale puścić luźno!

21. Ćwiczenia w pozycji leżącej, ze zgiętymi nogami. Zacząć od wydechu, ściągając mięśnie brzucha, tak by wypuścić całe powietrze (podnieść pośladki), a potem spontanicznie otworzyć dół brzucha z jednoczesnym ruchem miednicy do tyłu (wyginając kręgosłup), żeby powietrze zrobiło z brzucha balon. Powtórzyć parę razy, potem dodać dźwięk (na przykład „a", takie jak w „wydechu ulgi").
22. Ćwiczenie mięśni twarzy: napinanie – rozluźnianie, marszczenie nosa, ruchy wargami itp.
23. Śpiewanie samogłoski „a" z wyciągniętym językiem. Złapać koniec języka chusteczką i utrzymywać przez chwilę dźwięk.
24. Dmuchanie w zapaloną świeczkę, tak by płomień leżał płasko. To ćwiczenie reguluje oddech.
25. Umieścić dłonie z boku klatki piersiowej i podnosząc żebra (rozszerzając) oddychać brzuchem.

Jak ze wszystkim, im systematyczniej pracujemy (na przykład godzinę dziennie), tym mamy szybsze i lepsze rezultaty.

W pracy nad techniką wokalną najważniejsza jest jednak obserwacja siebie i zapamiętywanie odczuć związanych z wydobywaniem z siebie głosu. Wszelkie powszechnie używane określenia dotyczące techniki śpiewania są raczej abstrakcyjne, na przykład: śpiewanie „na masce" (na szczęście pomału wychodzi z obiegu), śpiewanie „piersiowe", podparcie oddechu, kierowanie dźwięku z przodu głowy albo (jak mawiała Tetrazzini) „pchanie powietrza przeciwko klatce piersiowej", i dla każdego mogą co innego znaczyć. Trzeba więc wypracować sobie samemu lub wraz z nauczycielem własny język i własną technikę.

Na końcu książki Czytelnik znajdzie wybór podręczników, które pomogą mu usystematyzować pracę nad głosem. Mam nadzieję, że książka Kristin Linklater *Freeing the natural voice*, z której do tej pory korzystam, będzie kiedyś przetłumaczona na język polski. W przedmowie autorka podkreśla konieczność „poświęcenia" inteligencji (aczkolwiek nie neguje jej roli w zrozumieniu ćwiczeń) na rzecz odczuć i zmysłowych wrażeń *(sensory impressions)*, które zostały wywołane przez ćwiczenia.

Jest wiele **technik** pracy nad głosem. Często referencją są kursy prowadzone metodą Jerzego Grotowskiego (Z. Molik, L. Flaszen).

Przy okazji przypomnę, że według Grotowskiego (chętnie się pod tym podpiszę) nie da się być – jak to propagują niektóre szkoły teatralne – całkowicie rozluźnionym.

Ćwiczenia Grotowskiego otwierają dół brzucha, głosowi jest zatem łatwiej się wydostać. Przy tym intensywność i długi czas trwania ćwiczeń powodują coraz lepsze dotlenienie, a także zmęczenie, które jest pierwszym krokiem do uwolnienia się od napięć (bardzo przydatne w teatrze). Rezultaty tej pracy są bardzo ciekawe, ale mam wrażenie, że mają zastosowanie jedynie do osób, będących w zgodzie z sobą i chcących nauczyć się techniki wokalnej, z której będą mogli skorzystać na scenie. Interesujący był dla mnie fakt, że dziewczyna, z którą pracowałam, po odbyciu takiego kursu opowiedziała, że wydobyła z siebie głos, jakiego się nie spodziewała. Nie tylko był silny, ale również bardzo ładny. Naturalnie była tym bardzo poruszona. Problem jednak polegał na tym, że nigdy potem nie umiała tego głosu odnaleźć. To o tym właśnie myślę mówiąc, że niektóre wspaniałe metody pracy nad głosem muszą być poprzedzone inną pracą, pozwalającą najpierw znaleźć siebie. To jest właśnie ta część pracy, która mnie najbardziej interesuje, kiedy głos (DZIECKO) mówi „jestem, a teraz znajdź mnie"!

ROZDZIAŁ III

Techniki orientalne

Przyzwyczajaj się do tego, abyś przy wszystkim, co kto robi, pytał – o ile można – w duszy swej: „Do czego on tym zmierza?". A zacznij od siebie samego i siebie samego najpierw badaj.

Marek Aureliusz

Naszą chorobą jest przywiązanie do status quo, wszystko jedno, czy idzie o zwyczaje, ideologie, ideały, zasady, dobytek, fobie, bogów, kulty, religie, cokolwiek... To, czego się kurczowo trzymamy, choćby to była nadzieja czy wiara, może się okazać chorobą, która nas zabija.

Henry Miller

Chodź własnymi drogami nawet po obcych rajach.

Stanisław Jerzy Lec

Często, choćby w sprawach relaksacji, ćwiczeń oddechowych, kierujemy się także do technik wschodnich. Przestrzegam jednak przed ćwiczeniami oddechowymi. Najlepiej nie pozwolić nikomu innemu oprócz siebie kierować własnym oddechem, a w każdym razie należy słuchać swojego ciała. Jak już wcześniej pisałam, należy zaczynać od samoobserwacji, w tym naturalnego rytmu, w jakim nasze ciało oddycha. Dopiero potem można przedłużać wydech, zatrzymywać oddech i tak dalej.

ODDECH = ŻYCIE. Zaczynamy naszą życiową podróż od wdechu i kończymy na wydechu!

Wierzę, że wszystko w życiu może być przydatne i od wszystkich możemy się czegoś nauczyć, **pod warunkiem że wiemy, kim jesteśmy i czego szukamy**. Natomiast, w moim przekonaniu, Europejczyk, który wchodzi na drogę **szukania siebie** za pomocą technik orientalnych, znajdzie w nich przyjemny, bezbolesny sposób oddalania się od siebie. To, co dla ludzi Orientu jest konsekwentną drogą do rozwoju, dla nas m o ż e być fantastyczną szkołą samooszukaństwa i zagubienia. Znam tragiczne przykłady osób o zaburzonym poczuciu realności, własnego „ja", z brakiem wizji dnia jutrzejszego, głęboko cierpiących, których poszukiwania drogi wyjścia z zamkniętego kręgu poprzez techniki Wschodu kończyły się jeszcze większym zagubieniem, a nawet samobójstwem. Jestem dosyć zaprzyjaźniona z Orientem przez mojego męża i choć wielokrotnie wyjaśniał mi m.in., co to jest *raga* nie myślę, że umiałabym precyzyjnie to komuś wytłumaczyć i to właśnie dlatego, że nie mam odpowiedników w mojej kulturze. Naturalnie, jeśli zajdzie potrzeba, mogę się i tego nauczyć, ale nie przyjdzie to spontanicznie. Dodam, że słuchanie muzyki orientalnej sprawia mi przyjemność, ale głównie gdy jestem w którymś z krajów wschodnich, a nie kiedy jest ona zaprezentowana w klasycznej dla Zachodu sali koncertowej. Natomiast dla poprawy nastroju wolę Bacha czy Stana Getza. W pracy z sobą nie ma tajemnic, wszystko jest logiczne i takie powinno zawsze być. Dla człowieka Zachodu rozluźnianie się przy muzyce Mozarta może więc być lepsze niż przy tak ostatnio popularnej muzyce „New age" (mam tu na myśli wszelką muzykę medytacyjną, repetytywną, towarzyszącą zajęciom Reiki, spirytualnym seansom itp.). Dlaczego? Myślę, że nie można szukać siebie w oddaleniu od własnej kultury, czyli od punktów odniesienia, które potwierdzają logikę naszych posunięć. Nie przez przypadek stare techniki terapeutyczne polegały na zleceniu pacjentowi medytacji książek należących do źródeł jego kultury.

Tak oto dla ludzi z Orientu była to np. Księga z 1001 nocy, dla Francuza – Racine, dla Polaka – Rej czy Mickiewicz, dla Anglika – Szekspir itd. Najłatwiej manipulować ludźmi tworząc system nie dający się pojąć logicznie. Tak bywa w niektórych domach, gdzie dziecko zostaje w piątek ukarane za to samo, za co w czwartek było wynagradzane.

Pamiętam, jak w komunistycznej Polsce śmialiśmy się z obcokrajowców, którzy szukając logiki w systemie zadawali pytanie „dlaczego", dając tym dowód kompletnego braku zrozumienia systemu.

Na tym opierają się wszelkie systemy manipulacyjne, czy to polityczne (totalitaryzm), czy też religijne (fanatyzm), a szczególnie sekty. Łatwość manipulowania adeptami tych systemów polega właśnie na pozbawieniu ich punktów odniesienia, więc na ślepej wierze w słuszność sprawy. Wracając do muzyki, jasne jest, że trudno by było szefom sekt opowiadać o innym – lepszym – życiu, energiach (ten termin też potrafi wyprowadzić w pole), przy wtórze muzyki klasycznej, jazzu czy rodzimego folkloru.

Przy okazji technik wschodnich przypomnę, że taniec może być wspaniałą formą aktywnej medytacji, a więc nie zawsze jest konieczne siedzenie na podłodze ze skrzyżowanymi nogami.

Na pewno wiele można się nauczyć od ludzi Wschodu – chociażby dlatego właśnie, że interesuje ich przede wszystkim życie wewnętrzne człowieka podczas gdy nas, ludzi Zachodu, zajmuje głównie życie zewnętrzne, materialne – ale do tego **trzeba być człowiekiem świadomym siebie, swojej drogi i zachować, wobec wszystkiego i wszystkich, krytyczną postawę.**

Wiele lat temu grupa polskich lekarzy specjalistów pod kierownictwem prof. Wiesława Romanowskiego opracowała ćwiczenia relaksowo-koncentrujące na bazie technik orientalnych, ale w sposób jaśniejszy dla Europejczyków:

> *...ćwiczenia fizyczne inaczej będą wykonywane, gdy za ich podstawę teoretyczną będą służyły informacje o adaptacji serca i całego układu krążenia, układu nerwowego, oddechowego, mięśniowego itd.* (Wiesław Romanowski).

Od tego czasu wielu specjalistów kontynuuje adaptowanie tych technik do możliwości rozumienia ich przez ludzi Zachodu.

Chodzi tu przede wszystkim o techniki relaksacyjne. Chętnie propaguję pracę w wyobraźni. Jest ona dobra nie tylko do śpiewania, ale do wszelkich działań.

Kiedyś zgłosił się do mnie na lekcje śpiewu Chińczyk, którego znałam z jego umiejętności masażysty. Miał piękny bas, a jednocześnie ogromny kompleks niższości wobec śpiewaków europejskich. Po paru wymuszonych dźwiękach poprosiłam, by śpiewając myślał, że głosem kogoś masuje. Sam był zdziwiony dźwiękami, jakie z siebie wydobył. Po paru latach, gdy nauczył się języka włoskiego, dostał pracę w bardzo poważnym zawodowym chórze. Któregoś dnia przygotowywał się do zaśpiewania arii operowej. Zapytałam, ile czasu poświęca na ćwiczenie. Odpowiedział, że na głos śpiewa najwyżej raz dziennie, a poza tym „śpiewa w głowie". Wyjaśnił mi, że w Chinach tak właśnie pracował. Podczas „śpiewania w głowie" (znowu w czasie teraźniejszym, a nie z myślą „o, tak chciałbym śpiewać") wszystkie mięśnie pracują normalnie tak jak przy głośnym śpiewaniu. Od razu wprowadziłam ten sposób do mojej pracy. Zresztą znalazłam go również w książce mówiącej o użyciu techniki tai-chi do nauki jazdy na nartach.

Jeśli chodzi o techniki orientalne, pragnę podkreślić, że nawet profesorowie śpiewu wychowani w Oriencie, ucząc śpiewu na Zachodzie, używają języka łatwego do zrozumienia, a dopiero w dalszej części pracy proponują zaznajomienie się z technikami medytacji zen, ćwiczeń na koncentrację, filozofii jin i jang i temu podobnych. Tu mogę polecić książkę Arabelli Hong Young *Singing Professionally*. Powtórzę więc, że wszystko jest przydatne w życiu, jeśli jest kolejnym etapem świadomego rozwoju człowieka.

Na zajęciach grupowych chętnie wykorzystuję ćwiczenie, które nazywa się harmonizowanie czakr. Z tym, że oprócz słowa czakra (jasnego dla nielicznych wtajemniczonych w techniki orientalne) używam informacji, że są to różne punkty energii w ciele, albo zwyczajnie informuję, która część ciała ma wibrować wraz z wydawanym dźwiękiem – mruczeniem. Może się zdarzyć, że uczeń nie odczuwa wibracji, ale za to odczuwa zmiany temperatury, i to też dobrze. Bywa, że proponuję uczniowi ćwiczenie wymyślone przez R. Monroe jako jedno z ćwiczeń prowadzących do „wyjścia z ciała". Oto fragment ćwiczenia w tłumaczeniu Lecha Emfazego Stefańskiego:

Stwórz w Twoim umyśle „skrzynkę" jako część Twojej osobistej przestrzeni, która podczas trwania ćwiczenia może być napełniana wszystkimi Twoimi zmartwieniami i niepokojami, a następnie odkładana na bok, pozostawia Ciebie wyswobodzonym i bez jakichkolwiek obciążeń. Stwórz ją w swoim umyśle, nawet jeśli jej nie widzisz, słyszysz lub odczuwasz... Do tej Twojej skrzynki złóż konkretne symbole zmartwień i rozterek: portfel, zegarek, fotografię kogoś tkwiącego w Twojej świadomości zbyt natrętnie, jutrzejszy porządek dnia...

Potem, po uzyskaniu poczucia uwolnienia umysłu od wszelkich myśli, następuje tak zwane strojenie rezonansowe, w którym dźwięk wypełnia ciało.

Dzieci bardzo lubią „wrzucać" do tej wyimaginowanej skrzynki wszystko i wszystkich, którzy im sprawiają kłopot. Często dodaję do tego ćwiczenia inne, które polega na osiąganiu w wyobraźni konkretnych celów. W każdym pomyśle czy technice możemy znaleźć coś dla nas pożytecznego, jeżeli wiemy, czego szukamy.

...fałszywe, acz często spotykane, jest mniemanie, że cechy odziedziczone genetycznie są z definicji ostateczne i nie mogą podlegać modyfikacji...

Richard Dawkins, *Samolubny gen*

O użyciu wyobraźni w pracy z sobą wiele można się nauczyć od Mosze Feldenkraisa. Neurolog, specjalista od problemów psychomotorycznych, wypracował własną metodę pracy z ciałem, był również pionierem judo we Francji i w Anglii. W uproszczony sposób przedstawię jego podstawowy punkt widzenia. Jeżeli przywykliśmy do trzymania ołówka w pewien sposób, to w naszym mózgu ruch ten ma konkretny zapis i zawsze będziemy chwytać ołówek tak, a nie inaczej. Jeżeli więc zaczniemy świadomie ujmować ołówek w inny sposób, to jednocześnie powodujemy nowy, dodatkowy zapis w mózgu. Tworzymy nowe wzory i tak oto możemy nauczyć się używać naszego ciała dużo lepiej niż dotychczas. Przypomina mi się jedno z ćwiczeń, które wykonywałam uczestnicząc w zajęciach prowadzonych metodą Feldenkraisa. Ćwiczenie odbywa się w pozycji leżącej. Przerzucamy nogi do tyłu za głowę, po czym powoli próbujemy – krąg po kręgu – opuścić ciało do pozycji leżącej. Prawie każdy z uczestników miał wrażenie, że nie odczuwa pewnego odcinka kręgosłupa. Dalszy ciąg ćwiczenia polegał na wykonaniu go w wyobraźni, tak by „zobaczyć" każdy krąg. Następnie jeszcze raz wykonywaliśmy to ćwiczenie. Dla każdego było ono łatwiejsze do zrobienia. Podobnie jest z ćwiczeniem, które polega na harmonijnym podniesieniu się z pozycji leżącej do stojącej (bez wysiłku) i potem w ten sam sposób położeniu się. Tak jak w poprzednim ćwiczeniu każdy z nas próbował „wiedzieć", jak to ma zrobić, i w rezultacie wyglądało to niezdarnie. I tym razem skarżyliśmy się na sztywne fragmenty kręgosłupa, których nie sposób poczuć jako oddzielne kręgi. Ponownie musieliśmy wykonać to ćwiczenie w wyobraźni i znowu okazało się, że raz uświadomione (widziane oczami wyobraźni) miejsce kręgosłupa może być wprawione w ruch zgodnie z jego naturą. By lepiej zrozumieć zastosowanie takiej pracy w wyobraźni, przytoczę jeszcze inny przypadek opowiadany przez Feldenkraisa. Dotyczy on kobiety, która miała sparaliżowaną lewą stopę. Feldenkrais przez parę miesięcy robił z nią ćwiczenia, które polegały na wykonaniu konkretnego ruchu prawą (zdrową) stopą i powtarzaniu go w wyobraźni lewą stopą. Powoli paraliż lewej stopy się cofnął. Oczywiście niejeden sceptyk powie, że być może po jakimś czasie i tak by się cofnął. Może tak, może nie. Ponieważ jednak można na innych ćwiczeniach (jak na przykład te wyżej wymienione) sprawdzić, że precyzyjne wykonanie zadania (w czasie teraźniejszym) w wyobraźni daje natychmiastowe wyniki, przychylam się do przypisania rezultatów uzyskanych przez chorą wykonywanym przez nią ćwiczeniom.

Gorąco polecam prace tego niezwykłego nauczyciela. W książce *Przypadek Doris* opisuje pracę z osobą piękną i inteligentną, którą wylew krwi do mózgu pozbawił zdolności czytania i pisania (mówiła bez problemu), a także usztywnił połowę ciała. Po rocznym pobycie w klinice w Szwajcarii bez uzyskania polepszenia jej stanu odesłano ją do domu. Feldenkrais zajął się tą czterdziestoletnią chorą. Miał za sobą trzydziestoletnią praktykę w pracy nad różnymi zakłóceniami funkcji organizmu i głęboką wiedzę o ewolucji systemu nerwowego. Wyniki były rewelacyjne. Na pytanie, jak można odzyskać utraconą zdolność, w tym wypadku czytania i pisania, Feldenkrais odpowiedział mniej więcej tak: zdolność danego ruchu jest rezultatem treningu, któremu poddana była dana osoba aż do uzyskania odpowiedniej funkcji ruchowej, która wraz z doświadczeniem staje się coraz bardziej harmonijna. W czasie uczenia się tej czynności wiele komórek systemu nerwowego bierze w tym udział. Gdy czynność ta zostaje utracona (na skutek wypadku), jedynie kilka z tych komórek, które partycypowały w jej harmonijnej realizacji, przestało funkcjonować. Pozostaje ogromna liczba komórek, które biorą udział w wykonaniu danej czynności. W niektórych przypadkach można doprowadzić te właśnie komórki do zagrania roli komórek podstawowych dla danej czynności. Chodzi tu o utworzenie, a nie o odtworzenie poprzedniego stanu. Życie powinno być postrzegane jako proces, a człowiek traktowany jako całość ruchowa, a nie statyczna. Żaden z czterech elementów wyodrębnianych przez medycynę (szkielet, mięśnie, system nerwowy, a także środowisko czy otoczenie) nie działa w odosobnieniu, niezależnie od tego, czy działanie jest akcją czy reakcją. Wszystkie te elementy funkcjonują razem. Szkielet nie może niczego wykonać sam. To mięśnie, poprzez napięcie lub rozluźnienie, powodują ruch. A mięśnie są dyrygowane przez nasz system nerwowy, który z kolei reaguje na wymagania świata zewnętrznego Tak oto cztery elementy razem tworzą bieg życia. Feldenkrais używał dwóch technik: jedną nazywał „integracją funkcjonalną", czyli procedurą indywidualną bez używania słowa, a drugą „świadomością ruchu", którą praktykował w grupach przy użyciu słowa.

Obydwie techniki miały na celu usprawnić świadomość samego siebie i w konsekwencji polepszyć jakość życia ćwiczącej osoby. W opisywanym przypadku Doris używał pierwszej techniki, której celem było, poprzez ruch i manipulacje ciałem, obudzić uszkodzony obraz czuciowy i skompensować nienaprawialne straty.

Einstein powiadał, że wyobraźnia jest potężniejsza i skuteczniejsza niż wiedza.

To, czego nie jesteśmy w stanie sobie wyobrazić, nie może zaistnieć!

Myślę, że Feldenkrais również wpadł na pomysł takiej a nie innej metody nie tylko dlatego, że był neurologiem, ale dlatego też, że znał judo. W technikach orientalnych należy szukać źródła metody leczenia raka, opracowanej przez O. Carla Simontona, onkologa. Polega ona między innymi na tym, żeby do leczenia chemioterapią dołożyć pracę mentalną, czyli wyobrażanie sobie raka = wroga w jakiejś postaci, i „widzieć” w wyobraźni, jak armia białych ciałek wraz z inną zaprzyjaźnioną armią (leki, naświetlania) zwalcza wroga. Trzeba bardzo precyzyjnie „zobaczyć”, jak chore komórki są eliminowane i jak wracamy do zdrowia. Oczywiście ten etap poprzedza nauka rozluźniania się. Potem następuje jeszcze jeden etap polegający na rysowaniu tego, co wykonaliśmy, w głowie. Wyniki takiego globalnego leczenia są dosyć wyjątkowe. Ta sama metoda dotyczy grupowej pracy mentalnej chorych na raka.

Choć każda z tych szkół trochę się różni od siebie, to jako wspólny mianownik mają one pracę w wyobraźni prowadzoną w sposób przystępny i zrozumiały dla ludzi z zachodniej kultury.

ROZDZIAŁ IV
Wola i odpowiedzialność

Zacznijmy od zastanowienia się nad znaczeniem niektórych porzekadeł ludowych, takich jak na przykład: *jabłko nie pada daleko od jabłoni* albo *czym skorupka za młodu nasiąknie, tym na starość trąci.* Wynika z nich, że nie możemy uniknąć „powtórki" głównych cech charakteru i przez to, w głównych zarysach, życiorysu naszych rodziców – opiekunów. Tymczasem przysłowie: *jak sobie pościelisz, tak się wyśpisz* mówi, że możemy mieć wpływ na dalszy przebieg naszego życia. Jak rozumieć tę sprzeczność? W czasach, w których pytanie o tożsamość nie istniało w takim stopniu, jak to ma miejsce dzisiaj, zarówno „spadanie koło jabłoni", jak i powielanie „zapachu rodzinnego", było logiczną koleją rzeczy, a przez to nie podlegało dyskusji. W świecie nowoczesnym jest inaczej. Jak pisze Zygmunt Bauman: *Każdy musi sobie odpowiedzieć na pytanie „kim jestem?", „jak powinienem żyć?", „kim zamierzam być?", a u kresu dnia przyjąć odpowiedzialność za dokonany przez siebie wybór.*

By więc człowiek nie powielał ślepo rodzicieli, musi zaistnieć akt woli. To naturalnie wymaga odwagi, gdyż burzy świat naszych marzeń, wmówionych sobie „prawd" i stawia twarzą w twarz z realnością, a więc z tłumionymi dotąd uczuciami żalu, złości, niemocy, nienawiści. Jednocześnie jest to moment, w którym uświadamiamy sobie niebywałą ilość odruchów warunkowych, z którymi przyjdzie nam całe życie „współpracować".

Dla chcącego nie ma nic trudnego.

Dzięki woli właśnie można sobie powiedzieć, że nie ma rzeczy niemożliwych.

Przypomniała mi się pewna anegdotyczna sytuacja. Otóż przyszłam któregoś dnia na nagranie, w którym brał udział pewien świetny saksofonista, zatwardziały alkoholik.

Ku mojemu zdziwieniu, tym razem był całkowicie trzeźwy. Poinformował mnie, że już nie pije. „Jak tyś to zrobił?" – zapytałam, a on na to „uruchomiłem słabą wolę". „Jak to?"– zdziwiłam się. „Zawsze miałem silną wolę pić, a więc by przestać, uruchomiłem słabą wolę" – wyjaśnił.

Nikogo nie można zmusić do niczego, jeśli on sam tego nie chce! Mamy na co dzień przykłady ludzi, których zmusza się do schudnięcia i którzy mimo diety nie osiągają żadnych rezultatów, bo sami nie podjęli prawdziwej decyzji i nie potrafią zidentyfikować się inaczej niż z tą swoją „grubą" wersją. Musimy więc być świadomi tego, co chcemy osiągnąć i jacy chcemy być.

Poczucie odpowiedzialności jest głównym elementem potrzebnym do sukcesu w pracy z sobą (Z DZIECKIEM).

Dlatego też wyobrażanie sobie, że opiekujemy się DZIECKIEM, którego życie jest w naszych rękach, pomaga w znajdowaniu odwagi do uczenia g o nowych zachowań i żądania szacunku dla n i e g o. Gdy poczujemy do DZIECKA sympatię i zrozumiemy, że jest i zawsze było warte miłości, łatwiej nam będzie mieć odwagę **na skrytykowanie** tych, którzy z racji funkcji (najczęściej chodzi tu o rodziców) mieli obowiązek nauczyć nas radzić sobie z konfliktami, trudnymi uczuciowo sytuacjami i odpowiadać na nasze emocjonalne potrzeby, a tego nie zrobili. Wreszcie przejmujemy na siebie, **osobę dorosłą,** a więc **odpowiedzialną**, rolę opiekuna, czyli idealnej matki i ojca, uwalniając się w ten sposób od wiecznego powracania do przeżyć z dzieciństwa i do winy rodziców. Mówiąc Z DZIECKIEM **na głos**, musimy mu wyjaśniać, że od teraz jest pod naszą opieką, **że nauczymy się kochać j e takim, jakie jest**.

Warto w tym celu, każdego ranka, tak jakby to było z prawdziwym dzieckiem, powiedzieć m u (na głos) na „dzień dobry", że jest świetne, wspaniałe, ładne, mądre i dla nas **najważniejsze**. Następnie zaplanować, zorganizować m u dzień, szczególnie jeśli danego dnia czekają j e sytuacje, z którymi zazwyczaj nie bardzo sobie radzi. Należy przy tym wielokrotnie DZIECKO zapewniać, że n i k o m u nie damy g o skrzywdzić!

Zasadnicza różnica między dzieckiem a dorosłym jest taka, że dziecko nie może podjąć pewnych decyzji, na przykład o oddaniu mamy na miesiąc do szpitala. Matka natomiast może i musi umieć podjąć decyzję o umieszczeniu dziecka (jeśli to konieczne) w szpitalu. Obowiązkiem dorosłego, a więc człowieka odpowiedzialnego, jest zapanowanie nad emocją i postąpienie zgodnie z logiką danej sytuacji. Dziecko, przez sam fakt, że nie rozumie sytuacji, ale za to musi ją znosić (mama idzie na miesiąc do szpitala i je porzuca), ma prawo być na mamę obrażone! Często dzieci, nie umiejąc lub nie mogąc wyrazić przed rodzicami swoich uczuć ze strachu przed odrzuceniem, zapomnieniem, okazują je inaczej, na przykład obrażając się na pracę rodzica za to, że zatrzymuje go ona z dala od domu. Jeden z moich przyjaciół skarżył się, że jego syn kopie drzwi za każdym razem, kiedy słyszy, że tata wychodzi (łatwiej obrazić się na drzwi, niż powiedzieć tacie, że jest się na niego obrażonym za to, że znowu nas opuszcza). Poradziłam koledze, by porozmawiał z synem i wyjaśnił mu, że ma pełne prawo być zły na tatę, ale że tata musi iść do pracy. Musi on jednak wiedzieć, że w pracy tata często o nim myśli i za nim bardzo tęskni. W ten sposób dziecko zrozumie, że jego uczucia nie są niczym złym, a jednocześnie dowie się tego, co go najbardziej interesuje, czyli że nie przestaje istnieć dla taty, nawet wtedy, gdy za ojcem zmykają się drzwi. Gdy dziecko podrasta i ma swoich kolegów, łatwiej mu wytłumaczyć, że ono też ma swoje życie (spędza czas nie tylko z rodzicami, ale też z innymi dziećmi, nie pozwalając rodzicom sobie przeszkadzać) i że to jego miłości do rodziców niczego nie ujmuje, wręcz przeciwnie.

Gdy córeczka przyjaciółki skarżyła się, że w przedszkolu bardzo tęskni za mamą, poradziłam, jej żeby w takim momencie podeszła do wychowawczyni i poprosiła o przytulenie, może nawet powiedzieć swojej pani, że jest jej smutno, bo bardzo tęskni za mamą. Gdy następnego dnia dziewczynka wykonała zadanie, była bardzo zadowolona, że nauczyła się radzić sobie z tą sytuacją.

Wracając do pracy z sobą, przy dłuższym treningu można sobie pozwolić na prawdziwy dialog, tzn. słyszeć głos DZIECKA (na przykład motywującego, dlaczego coś tam nie może się udać – często głosem jednego z rodziców), usłyszeć odpowiedź na zadane pytanie itp. Trzeba pamiętać, że to DZIECKO, mimo marzeń o innym życiu, tak naprawdę nigdy nie wierzyło, że może być inaczej niż jest (o n o raczej powtarza wizję świata rodziców).

Bardzo trudno być szczęśliwym, jeśli uczucie to nie było w naszym dzieciństwie chlebem powszednim.

Do wygranej trzeba się przygotować, zaakceptować ją.

Trzeba nauczyć się nowej, innej niż tej nauczonej w dzieciństwie roli.

Bywa, że gdy osiągamy sukces i słyszymy od innych: „a to szczęściarz", reagujemy bardzo negatywnie. Jest to znowu reakcja, w której DZIECKO przypomina, że bardzo długo było nieszczęśliwe i chciałoby, żeby wszyscy wiedzieli, że n i c mu tak łatwo nie przyszło.

W takiej sytuacji trzeba m u wyjaśnić, że świetnie j e rozumiemy ale, że nikogo j e g o dzieciństwo nie obchodzi i że to jest wyłącznie nasza sprawa i sekret. Wszystkim znane są wypadki, gdy na przykład mówimy komuś: „o, jak ładnie wyglądasz", na co w odpowiedzi słyszymy jęczenie, że wcale nie, że wręcz przeciwnie, osoba ta bardzo źle się czuje i jej zdaniem wygląda okropnie. Jest to typowa obrona wizji nas samych z dzieciństwa lub podświadome uskarżanie się DZIECKA. Podobnie jest z dziećmi, które czuły się niekochane, którym w dorosłym wieku zdarza się spotkać kogoś, kto naprawdę je kocha. Co się się wtedy dzieje? Otóż najczęściej, po jakimś czasie trwania szczęścia, zaczynają się wątpliwości: *Jak to możliwe, żeby mnie kochano, jak ja się mogę podobać, to się pewnie niedługo skończy, jak tylko mnie lepiej pozna...* i od tego momentu zaczyna się podświadomy proces destrukcji. Dlaczego? Ponieważ miłość ta powoduje konflikt między tym, jak tę osobę widzi (kocha) partner, a tym, jak widzieli ją jej rodzice. W takim wypadku uwierzenie w czyjąś miłość wymaga odwagi, gdyż jest związane z oskarżeniem rodziców o brak uczuć albo niezdolność do miłości.

Ileż to razy kobieta skazuje się podświadomie na nieudane, pozbawione radości, orgazmu życie małżeńskie, by nie sprawić przykrości mamie, która dla niej **poświęciła życie** (znosząc obecność i zaloty swojego znienawidzonego męża). Te matczyne „poświęcenia", dla naszego dobra (!), są bardzo często powodem głębokiego poczucia winy, nienawiści do mężczyzn i podświadomej potrzeby odwetu. Prawdziwe zmiany w naszym „zaprogramowaniu" wymagają **codziennego** dialogu z DZIECKIEM, planowania każdego dnia, wymyślania coraz to nowych celów, a dzięki temu odbudowania j e g o wiary w siebie i namówienia g o na inne, lepsze życie. Pracując w wyobraźni musimy zobaczyć samych siebie szczęśliwymi i wolnymi od **poczucia winy** za „zdradę". Ponownie przypominam, że to DZIECKO wcale nie jest takie chętne do zmian i do konstruowania innego, tego tłumionego przez dom j a, dlatego że oznaczają one odejście od rodziny, czyli od dawnych etykietek rozumianych dotąd jako nasza tożsamość. Innymi słowy, jest to walka często bardzo trudna, ale **zawsze** pasjonująca. Najważniejsze jest nauczyć się kochać to „upiorne dziecko".

Ale ja chcę do świtu w objęciach
Mieć to żywe stworzenie, pełne
Winy, niestałe, śmiertelne
Lecz dla mnie skończenie piękne.
Wystan Hugh Auden *Kołysanka* (tł. Stanisław Barańczak)

Trzeba DZIECKU pozwolić wyrażać uczucia, bez oceniania ich i wielokrotnie powtarzając tłumaczyć, dlaczego reaguje tak, a nie inaczej, i wreszcie **nauczyć** j e, często kategorycznie, nowych zachowań. Po zaakceptowaniu odpowiedzialności za nasz los warto zrozumieć, że jesteśmy też współodpowiedzialni za to, co się wokół nas dzieje.

Jeśli w ramach pracy z DZIECKIEM zajmiemy się właściwym odżywianiem g o, łatwiej zrozumiemy, że wybudowane dla „naszego dobra" gigantyczne sklepy nie mogą spełnić naszych wymagań. Bezpośredni kontakt z klientem, a co za tym idzie **odpowiedzialność** za jakość towaru, jaką ponosi wobec nas, stałych klientów, sklepikarz z małego sklepu, jest w niczym nieporównywalne z funkcjonowaniem supermarketów, gdzie sprzedawcy, producenci są tak jak i klienci całkowicie anonimowi. Sprzedanie byle czego, pod etykietką najwyższej jakości, przy akompaniamencie ogłuszającej i otępiającej, „optymistycznej" muzyki, jest tak samo łatwe jak naciśnięcie guzika ze śmiercionośną rakietą, bo obiekt – klient – jest niewidoczny. BBC wyemitowała wstrząsający program o agresywnych dzieciach, których potworna wściekłość była spowodowana składnikami konserwującymi pożywienie. Już na początku badań okazało się, że rodzice mieli poważny problem ze znalezieniem prawdziwej, świeżej żywności.

Praca z sobą ma daleko idące konsekwencje w widzeniu pewnych spraw społecznych. Człowiekowi o większej samoświadomości nie jest już tak bardzo wszystko jedno, co i jak zje lub zrobi.

ROZDZIAŁ V

Wywiad Autorki z Anetą Łastik

Spodziewając się wielu pytań na temat mojej pracy i poglądów postanowiłam przeprowadzić z sobą rozmowę.

A. – Czy każdy człowiek według ciebie może nauczyć się śpiewać?

A.Ł. – Każdy. Ale nie każdy może być artystą.

A. – Twoja praca jest przede wszystkim terapeutyczna, czy nie uważasz, że bierzesz się za coś, co nie leży w twojej kompetencji i że spotkasz się z atakami ze strony fachowców?

A.Ł. – Powiedziałabym raczej, że mam wyniki terapeutyczne pracując nad głosem ucznia.

Poza tym nie boję się ataków, a nawet się ich spodziewam. Mam jednak konkretne rezultaty pracy i niejednokrotnie były one docenione przez dyplomowanych fachowców. Poza tym gdy mam wątpliwości co do słuszności mojego postępowania lub uważam, że za długo pracuję z daną osobą, wysyłam ją do kogoś innego na terapię. Bo na szczęście bywają wspaniali terapeuci, którzy potrafią i chcą pomóc pacjentowi. Natomiast jest też wielu takich, którzy manipulują władzą, jaką daje im wiedza psychologiczna i czynią tym potworną krzywdę człowiekowi, z którym pracują. (Każdy system, sekta, reality show wspiera się na autorytetach i fachowości psychologów!). Wielokrotnie spotkałam się z ofiarami różnych terapii, zresztą o nich w książce tej wspominam. Ci, których terapia była owocna, do mnie nie trafiali – to zrozumiałe.

Brak dyplomów mnie nie peszy, podobnie jak fakt, że ktoś ma dyplom, nie pozbawia mnie krytycznego do niego stosunku i dopiero wyniki pracy decydują o zaufaniu. Tak naprawdę to uczeń pracuje sam z sobą, ja tylko daję pomysły. Tu przypomina mi się Glenn Gould, który mówił, że rola nauczyciela (bo w moim pojęciu terapia to nie tylko zrozumienie, co i dlaczego się człowiekowi przydarzyło, ale również proponowanie, nauczanie nowych rozwiązań), sprowadza się do stawiania uczniowi właściwych pytań. Zgadzam się z tym poglądem. Natomiast jeśli monopol na wiedzę psychologiczną mieliby mieć tylko utytułowani psychologowie, byłoby z nami wszystkimi marnie, nie wspominając dramaturgów, poetów, matek umiejących z natury rzeczy obserwować i rozumieć dziecko, którym w takim wypadku należałoby **zabrać głos**.

(Na końcu książki, wśród cytatów, które moim zdaniem są warte przemyślenia, przypominam Władimira Bukowskiego, którego wypowiedź dotyczy również wyżej wymienionego tematu). Natomiast w praktyce sprawdziłam, że czasami nie ma sensu pracować nad głosem, bo nic to nie da. Mogę podać parę przykładów osób z zawoalowanym głosem, które odmawiały „zaglądania" w siebie, natomiast chciały śpiewać. Zawsze po jakimś czasie okazywało się, że ćwiczenia głosu nie dają oczekiwanych rezultatów. Te osoby, które podjęły ryzyko szukania przyczyn takiego „schowanego" głosu, widziały, jak wraz z rozwiązywaniem zagadek i w miarę ćwiczeń (głównie tego z korkiem, na spółgłoski) następowały wyraźne zmiany w głosie. Głos zaczynał istnieć, brzmieć. Dlatego poświęcam tej części tyle miejsca. Nie jest więc to odchodzenie od tematu.

A. – Wiem, że pracujesz również z przyjaciółmi, to nie zawsze jest mile widziane.

A.Ł. – Owszem, pracuję z przyjaciółmi. Zresztą niektóre osoby, które poznałam jako moich uczniów, zostały moimi przyjaciółmi. Spotkałam się z opinią czy raczej zasadą terapeutyczną, która mówi, że nie wolno utrzymywać prywatnych stosunków z klientem. Ponieważ jednak ludzie, z którymi pracuję, są dla mnie uczniami, zasada ta mnie nie obowiązuje.

A. – A dlaczego używasz terminu praca „z sobą", a nie „nad sobą"?

A.Ł. – Bo jest to praca **z** „wewnętrznym dzieckiem".

A. – Jak rozpoznać, kiedy reagujemy jak DZIECKO?

A.Ł. – DZIECKO rozpoznamy we wszystkich sytuacjach, w których nie możemy się powstrzymać od zrobienia czegoś, o czym wiemy, że nie powinniśmy tego zrobić, a mimo to robimy.

Reagujemy DZIECKIEM:

- gdy mówimy: *wiedziałam (em), że tak będzie, znowu mnie wykorzystano, nabrano, to jest zbyt piękne, by było prawdziwe, ciekawe, jak długo to szczęście potrwa, ze mną zawsze tak jest, jestem pechowcem, mam dwie lewe ręce* (do tych zdań aż się prosi dodać *mama–tata mieli rację*), *to było silniejsze ode mnie, to była siła wyższa* itp.;
- gdy działamy pod wpływem emocji, spontanicznie;
- gdy na jakiś nowy ambitny plan czy możliwości nasz wewnętrzny głos (DZIECKO) mówi nam, że nie damy rady, że za wcześnie na sukces (to zniechęcanie jest zazwyczaj bardzo logicznie uargumentowane!). Mowa tu oczywiście o przeniesionym z dzieciństwa lęku przed odrzuceniem, przed byciem niedocenionym, niekochanym, zignorowanym, ośmieszonym (uczucia te są rezultatem wyrażanych przez rodziców wątpliwości co do naszych umiejętności, zdolności, odwagi itd.);
- gdy **czekamy.** Chodzi tu o uczucie bezradności, czyli pozostawanie w sytuacji, na którą nie mamy wpływu (na przykład gdy czekamy na ważny telefon i nie jesteśmy w stanie nic innego robić); nieumiejętność informowania o własnych potrzebach i czekanie, aż druga osoba zrozumie, domyśli się, o co chodzi – jest to typowe dla ludzi chorobliwie wstydliwych; czekanie na lepsze czasy, by móc podjąć jakieś działanie, jak gdyby rozwiązanie miało przyjść z zewnątrz itp.;
- gdy chronimy najbliższych przed obarczaniem ich naszymi problemami. Często jest to wyniesione z domu, w którym dorośli nie umieli rozmawiać i radzić sobie z problemami, jakich niemało przynosi życie, lub którzy łatwo panikowali, bali się i zawsze spodziewali najgorszego;
- gdy w konkretnej sytuacji, co do której nie mamy wątpliwości, jak powinniśmy postąpić, c o ś nas zmusza, by uczynić inaczej (mówimy wtedy, że **to było silniejsze od nas**). To jest ten pierwszy nieświadomy dialog pomiędzy dorosłym, który wie

jak powinien postąpić, a silnym odruchem warunkowym, który nazywam DZIECKIEM, popychającym nas do dawnych zachowań. Podam przykład: dziewczyna, która w młodości „biegała za ojcem" (nie mogąc nigdy lub prawie nigdy mieć z nim prawdziwego kontaktu), będzie miała tendencję do uganiania się za mężczyzną, wydzwaniania do niego nawet – lub właśnie wtedy – gdy będzie ją odpychać. Jednocześnie ta sama osoba najczęściej jest w pełni świadoma nielogiczności, wręcz głupoty własnego postępowania, ale odruch, czyli DZIECKO, okaże się silniejszy.

Spróbuję przedstawić na tym przykładzie różne możliwości zachowań takiej osoby:

1. Jeśli wyjdzie za mąż, to choć będzie szukała kogoś zupełnie niepodobnego do jej ojca, tak czy inaczej odtworzy jeden ze znanych jej schematów i mąż stanie się „ojcem", płacąc „nie swoje rachunki".
2. Zagra rolę własnej matki i na przykład obwini dzieci za brak serca, za jej cierpienia, za brak zrozumienia.
3. Odtworzy swoje przeżycia z dzieciństwa, czyli ponownie będzie upokarzana, niezrozumiana, niedoceniana, aż wreszcie rozczarowana swoim mężem = ojcem obwini go za nieudane życie.
4. Inną możliwą wersją będzie znalezienie przez nią partnera, wobec którego zagra rolę własnego ojca, czyli będzie okrutna, niedostępna itd.

Cechą charakterystyczną wszystkich tych sytuacji jest fakt, że osoba ta stale **czeka**, aż inni zrozumieją jej cierpienia i szamotanie.

Powtórzę, że tak długo jak pozostajemy w sytuacji wyczekiwania, zamieniamy sie automatycznie w bezradne dziecko.

Akcja ma sens wtedy, gdy dotyczy sprawy, na którą mamy wpływ, a o tym wszystkim, co znajduje się poza naszym wpływem, należy zapomnieć i zostawić życiu dalszy ciąg. Warto to zapamiętać, bo DZIECKO „czyha" na takie właśnie sytuacje, których przecież w życiu codziennym jest wiele. Na przykład napisanie podania o pracę. Oczywiście, trzeba je napisać, złożyć, ewentualnie uruchomić wszystkie znajomości, które mogą nam pomóc. Następnie należy o tej pracy zapomnieć tuż po wysłaniu podania i zabrać się do szukania innej, pisząc ofertę gdzie indziej. Czekając na odpowiedź, często ułatwiamy powrót wszystkim naszym wątpliwościom na nasz temat i bywa, że podświadomie wpływamy na wynik sprawy – ileż to razy po porażce myślimy: „wiedziałem (am), że tak będzie".

Inną radą na zmianę schematu jest przede wszystkim **nauczenie się informowania** o własnych potrzebach. (To rodzice powinni byli domyślać się, o co nam chodzi – n i k t więcej!).

Gdy rozpoznamy potrzeby uczuciowe DZIECKA, możemy im zadośćuczynić włączając je świadomie do naszego życia. Na przykład w życiu intymnym, w grze miłosnej możemy bawiąc się głosem udawać dziecko i w ten sposób (świadomie, w imieniu DZIECKA) poprosić o pieszczoty.

Podobnie jest w terapii, gdy osoba, która na skutek wyzwolonego, dotąd głęboko schowanego, bolesnego uczucia potrzebuje być wzięta w ramiona, powinna o to poprosić i to nie dlatego, że terapeutę trzeba prosić, ale dlatego, że jako osoba dorosła ma być świadoma, że są to potrzeby DZIECKA. Wtedy nie ma obaw, że terapeuta stanie się nagle adopcyjną matką/ojcem danej osoby.

Jest wiele możliwości powtarzania starych schematów we wszystkich angażujących nas uczuciowo sytuacjach. Często pierwszy spotkany wróg to my sami i w związku z tym pierwsza walka z DZIECKIEM ma na celu unicestwienie autodestrukcji. Dobrze jest przepytać rodziców o tych członków rodziny, których nie znaliśmy, bo na przykład umarli. Jest to wartościowe do zbudowania całościowego obrazu samego siebie. Jeśli dowiemy się, że zarzucana nam cecha (nerwowości, agresywności, lenistwa, trudnego kontaktu z innymi i temu podobne) jest odziedziczona po kimś (a zawsze jest rezultatem rodzinnego dziedzictwa i to często w drugim pokoleniu), będzie nam łatwiej sobie z tym poradzić, nad tym pracować i to zmienić, bo nie jest to już informacja o tym, że urodziliśmy się inni, gorsi, ale że mamy powody być tacy właśnie. Mamy tyle możliwych kombinacji zachowań do „zrealizowania", ile osób liczyła sobie nasza najbliższa rodzina. Tak więc wobec partnera możemy „zagrać rolę" mamy, taty albo nas samych z dzieciństwa (nas samych, co już oznacza mieszankę mamy i taty). Terapia ma więc na celu nauczenie się rozpoznawania tych tendencji i w pewnym sensie uwolnienia się od nich albo raczej – radzenia sobie z nimi.

Osoba, która zdecydowała się na napisanie i wysłanie do rodziców listu podsumowującego lata dzieciństwa wraz z informacją, że **od teraz bierze życie w swoje ręce** i mimo tego dorosłego gestu c z e k a na odpowiedź od nich lub nie może się uwolnić od złości i chęci zranienia rodzicieli, musi zrozumieć, że w tej sytuacji ponownie DZIECKO, a nie dorosły miało głos i że się oszukuje wmawiając sobie, iż jest gotowa do samodzielnej drogi w przyszłość. Jasne jest, że rezultaty osiągniemy wtedy, kiedy DZIECKO stanie się dla nas najważniejsze, dzięki czemu będziemy umieli w jego obronie i dla jego rozwoju wiele zrobić. W pracy z sobą trzeba naprawdę rozmawiać z DZIECKIEM codziennie i w nieskończoność tłumaczyć mu, skąd biorą się jego strachy i oczekiwania, a także proponować nowe rozwiązania trudnych lub powtarzających się sytuacji.

Powtórzę, że nic (w tego typu sprawach) nie jest definitywnie załatwione. Trzeba jednak umieć ustalić nowy kierunek i (nie usztywniając się przy tym, to znaczy zostawiając świadomie miejsce na niespodzianki, jakie szykuje nam życie) kontynuować go.

Z rodzicami, którzy zrobili błędy, ale którzy nie byli ludzkimi potworami katującymi psychicznie, fizycznie i moralnie dziecko, można i trzeba spróbować znaleźć wspólny język.

A. – A jak pracować z DZIECKIEM?

A.Ł. – Otóż pracując z DZIECKIEM, czyli naszym wewnętrznym głosem, należy sobie wyobrazić, że mamy do czynienia z **prawdziwym dzieckiem** (możemy je sobie przedstawić w różnym wieku) i zrozumieć, że jego zachowanie ma swoje głębokie powody. Jest to stworzenie, które innych reakcji, niż te nabyte w dzieciństwie i odziedziczone po rodzinie, nie zna i w związku z tym należy je nowych zachowań nauczyć. Zauważmy, że gdy się krytykujemy, używamy hojnie tych samych obelg, które powiedziane czy wykrzyczane przez rodziców tyle razy nas raniły (często rzucamy nimi w nasze dzieci). Zwracam na to uwagę, by lepiej zrozumieć fakt, że bardzo łatwo stajemy się rodzicami dla samych siebie lub, inaczej mówiąc, że nasze „wewnętrzne dziecko" „recytuje wyuczoną lekcję".

Praca ta polega na nauczeniu się reagowania jak dorosły człowiek, jak prawdziwa, odpowiedzialną i troskliwa matka. Jest to nauka rozpoznawania własnych uczuć i posługiwania się nimi w życiu tak, by usprawniały nasze życie, a nie niszczyły go. Gdy reagujemy DZIECKIEM, reagujemy spontanicznie, emocjonalnie i nie mamy czasu na refleksję. Zamiast „rządzić" naszymi uczuciami, jesteśmy pod ich władzą i to jest częstym powodem dramatów w naszym życiu. Tak o tym pisze Daniel Goleman w książce pt. *Inteligencja emocjonalna w praktyce*:

Kiedy absorbują nas myśli wzbudzone emocjami, to mamy o tyle mniej miejsca w pamięci operacyjnej na poświęcenie uwagi temu, co się wokół nas dzieje, ile one zajmują.

Na początku było słowo i stało się ciałem, to jest właśnie to, co się z nami stało. Jest to jednocześnie wskazanie drogi, jak sobie pomóc. Trzeba więc będzie zamienić słowa, które nas zabijały i ograniczały, na te, dzięki którym będziemy mogli pokonywać przeszkody i konstruować ciekawe życie.

Zatrzymam się na chwilę nad cytatem (już raz przeze mnie przytaczanym) z Szekspira, który wart jest poważnego przemyślenia: *Niestosownej/ Myśli nie zmieniaj w słowo ani w czyn...*

Do dziś nie do końca są zbadane właściwości mózgu. Wiemy jednak, że istnieje coś takiego, jak na przykład telepatia czy też proces myślowy, który potocznie możemy nazywać „wiarą czyniącą cuda", a dzięki któremu dana osoba osiąga w niebywały, niezrozumiały sposób coś, co bez udziału „sił wyższych" wydaje się niemożliwe do zdobycia. Ta „siła wyższa" to niewątpliwie wysoko osadzona w ludzkim ciele machina determinująca wszystko, co się z nami dzieje – mózg. Wraz z rozwojem świadomości, rośnie nasza zdolność do poznawania samego siebie, poznawania świata i naszego w nim funkcjonowania. (Może i wróżby polegają na odczytywaniu przez wróżbitę – w stanie pełnego rozluźnienia, czyli niemyślenia wróżącego – informacji, fal, które wysyła mózg danej osoby, a które dla niej samej są nie do rozpoznania, bo pozostają w podświadomości?).

Chodzi więc przede wszystkim o uświadomienie sobie faktu, że „wysłana" myśl może być niszcząca lub budująca.

Jednym z ważniejszych osiągnięć w pracy z sobą jest nauczenie się wyłapywania destruktywnych myśli i przepędzanie ich **mówionymi na głos** słowami, np.: *wynoście się, nie jesteście mi potrzebne, pomyliłyście adres...*

Czasem próba dialogu z negatywną myślą utwierdza ją poprzez nadanie jej słowa, a słowo szybko zamienia się w ciało. Dlatego też proponuję – za Szekspirem – niektórym myślom nie dawać słowa ani czynu, czyli nie zatrzymywać się przy nich, tylko kazać im zniknąć.

Z dzieckiem trzeba prowadzić dialog na głos. Głos jest głównym elementem pracy z sobą, nawet jeżeli nie ma się ambicji wokalnych.

A. – Wspominasz o pisaniu listu do rodziców, o co tu chodzi?

A.Ł. – Jestem przekonana i wielokrotnie to się sprawdziło, że uczeń, który rozszyfrował już problemy wynikające z takiej, a nie innej postawy rodziców wobec niego i sprawdził również, że istnieją i są mu dostępne inne sposoby postępowania, powinien napisać do rodziców list podsumowujący jego przemyślenia. Jest to ważne z tego względu, że to mu pozwala na uświadomienie sobie faktu, że jest dorosłym człowiekiem i że **ma wziąć na siebie odpowiedzialność za swoje życie.** A to wymaga załatwienia nie załatwionych spraw, żalów, wściekłości. Poza tym daje możliwość stworzenia nowych zasad funkcjonowania w rodzinie. Czasem jest to moment, gdy wszystkie złudzenia nikną i okazuje się, że rodzice nie są warci tej nazwy. Choć to bolesne, warto pozbawić się złudzeń, niż żyć w oczekiwaniu, że ktoś się zmieni.

A. – Nie jestem taka pewna, że wszyscy mogą wytrzymać każdą prawdę o rodzicach i że czasem nie jest słuszniej zachować złudzenia.

A.Ł. – Na pewno nie każdy jest do tego gotowy. To wymaga odwagi. Toteż nie z każdym pracuję, ponieważ nie wierzę w postęp, jeśli ktoś żyje w kompletnym zakłamaniu. Osoby, które chcą żyć z „zamkniętymi oczami", same szybko ode mnie odchodzą.

A. – Czy w każdym wieku można zacząć nad sobą pracować?

A.Ł. – Jestem o tym przekonana. Można zacząć pracę z sobą na każdym etapie życia, ale nie w każdym wieku wszystko da się zrobić. Natomiast wizyty u nauczyciela czy terapeuty powinny mieć swój kres. Kiedyś trzeba odłożyć wszystkie podręczniki psychologiczne i zająć się życiem.

Ponieważ nie wierzę w wyleczenie się ze swojego dzieciństwa (podobnie jak ze wzrostu), uważam, że **praca z sobą nigdy nie ma końca**. Przypomina mi się wstrząsający film pt. „Nick's movie", w którym skazany na śmierć – przez nieuleczalnego raka – reżyser filmowy po raz pierwszy zadaje sobie pytanie, kim jest, choćby po to, by wiedzieć, kto umiera.

W każdym wieku można znaleźć odpowiedź na pytanie, kim jestem, co się ze mną teraz dzieje, co zrobiłem dotąd ze swoim życiem, ale nie w każdym wieku jeszcze wszystko jest przed nami. Niemniej jednak jakakolwiek liczba dni pozostaje nam do przeżycia, możemy je przeżyć całym sobą. Tak oto śmierć zadaje najgłębsze pytania na temat sensu naszej egzystencji. Odkrywanie siebie, sekretów naszych zachowań, jest tak samo pasjonujące jak czytanie powieści sensacyjnej czy kryminalnej, rozwiązywanie łamigłówek matematycznych czy intelektualnych. Tak czy inaczej, człowiek myślący i ciekawy świata pozostaje taki do końca, a więc raz zasmakowawszy przyjemności w odnajdowaniu schowanego lub przebranego za babcię wilka (patrz bajka o Czerwonym Kapturku), nie zaprzestanie tej aktywności. Pasjonujące jest potem odgadywanie problemów innych ludzi, analizowanie książek, rozmowy z dziećmi.

Świadoma siebie osoba nie da się tak łatwo zmanipulować opinii publicznej, jest wobec wszystkiego bardziej krytyczna, nie kupi byle czego, bo taka moda, nie zje byle czego i tak dalej.

Przyjmując, że wszystko w naturze ma jakiś sens, starajmy się korzystać z wszelkich naszych przeżyć zarówno tych łatwych, jak i ciężkich, by wzbogacić wiedzę o nas samych.

Wracając do pracy z sobą, pamiętajmy więc, że przed osiągnięciem jednego celu należy zawczasu przygotować sobie inny i tak w kółko. Fatalne w skutkach i dziecinne jest stwierdzenie „już wiem", „już nic mnie nie zaskoczy". Po takich konstatacjach natychmiast przychodzi porażka. Nic nie jest w tej materii osiągnięte raz na zawsze. Każdy etap przynosi nowe zagadki do rozwiązania. Rolą terapeuty, nauczyciela jest, moim zdaniem, dostarczenie jak największej liczby „kluczy" pracującemu z sobą, pozwalających mu na rozwiązywanie zagadek jego życia psychicznego i nauczenie go zadawania sobie właściwych pytań.

Znowu zacytuję Leca: *Do celu? Tam się wysiada.*

Nagrodą za wysiłki jest przyjemność, jaką nam daje odkrywanie różnych stron naszej osobowości, głębsza percepcja innych ludzi, dzieł sztuki, książek, krótko mówiąc, wszelkich sposobów ekspresji wewnętrznego świata człowieka.

Do wielu mądrych wniosków można dojść i dochodzi się bez wszelkich terapii, z tym że najczęściej wydarza się to wtedy, gdy jest już za późno na zmiany i gdy się stoi w kolejce do odejścia. Znałam wielu ludzi, którzy w wieku około osiemdziesięciu lat, analizując przebyte życie, pojęli własne błędy i przez świadomość nieodwracalności czasu przeszłego nie mogli ani żyć – bo za późno – ani umierać.

Na pytanie „co znaczy – znaleźć samego siebie i czy życie może być lepsze" odpowiem, że życie nie jest ani dobre, ani złe – po prostu j e s t. Natomiast to od nas zależy, czy n a s z e życie będzie dobre czy złe, to znaczy warte czy niewarte życia, bogate czy nie w przeżycia i prawdziwe, głębokie kontakty ludzkie. Poznawać siebie to według mnie szanować – kochać siebie, promieniować miłością i obdarzać nią innych, być źródłem życiodajnej energii, nauczyć się obserwować i poznawać własne humory podobnie jak nasze reakcje na pełnię Księżyca, miesiączkę, zmęczenie fizyczne, zmiany pogody itp.

Często mamy okazje do zmian na lepsze, ale nie zawsze umiemy je zauważyć i docenić, tak zajęci jesteśmy podtrzymywaniem narzuconej nam wizji nas samych.

Oto dowcip na ten temat:

Powódź. Łódź ratunkowa zbiera ofiary. Ratownicy podpływają do mężczyzny, któremu woda sięga już po pas, i każą mu wsiąść do łodzi. On odmawia mówiąc, że całe życie wierzył w Boga i wie, że On mu nie da zginąć. Po chwili łódź wraca i scena się powtarza, aż wreszcie za trzecim razem, gdy woda sięga tonącemu już do ust, ponownie odmawia on pomocy, z powodu swej niezachwianej wiary w Boga, i tonie. Rozczarowany, udaje się prosto do Wszechmogącego z pretensją, że nie ocalił tak wyjątkowo wiernego człowieka i skazał na utopienie, na co Bóg odpowiada: „Głupcze, ja ci trzy razy łódź ratunkową wysłałem!”.

By się nauczyć rozumieć, co życie do nas mówi, potrzebna jest nam wnikliwa znajomość samego siebie, umiejętność słuchania i obserwowania innych ludzi.

A. – Jaki strach jest według ciebie dominujący u ludzi, z którymi pracowałaś?

A.Ł – Strach przed odrzuceniem, **który oczywiście idzie w parze z brakiem wiary w siebie!**

Oto przykład, jak można sobie samemu bez żadnych realnych powodów zatruć życie:

Pewnego dnia na lekcję przyszła uczennica w depresyjnym nastroju i wyznała, że narzeczony już jej nie kocha. Gdy zapytałam, skąd to wie, odpowiedziała, że od miesiąca nie pisze do niej i nie dzwoni. (Mieszka na innym kontynencie).

Dwa miesiące wcześniej uczennica była u niego z wizytą.

– *A umawialiście się na telefony?* – pytam dalej.

– *Nie, bo on jest ciągle w podróży na koncertach.*

– *A jak tam ostatnio byłaś, nie zagrałaś przypadkiem przed nim roli niezależnej, silnej kobiety?*

– *Owszem* – odpowiedziała. – *Nawet wysłałam mu paczkę prezerwatyw „w razie czego...”.*

– *Wspaniale, tyle tylko, że wszystko to zrobiłaś przeciwko sobie, a nie dla siebie! A z czego wnioskujesz, że już cię nie kocha? Może uwierzył w twoją niezależność i bardzo mu z tym dobrze i nawet do głowy mu nie przyjdzie, że ty czekasz na telefon.*

– *Tak naprawdę to nie mam powodów wątpić w jego uczucie. Ale ciągle* c z e k a m *na znak życia od niego i na wyznanie, że mnie kocha...*

– *To przestań czekać, natomiast pogadaj z* DZIECKIEM *i wytłumacz mu, że narzeczony nie jest tatą, od którego można by wymagać domyślania się, na co córeczka czeka. Poza tym wytłumacz* DZIECKU, *że nie ma powodu, by takiej fajnej osoby jak „ona” nie kochać.*

Na przyszłość zastanów się, czy nadajesz się do roli, jaką chcesz zagrać.
Może w tym konkretnym wypadku powinnaś przy następnej okazji powiedzieć mu, iż masz nadzieję, że nie wziął na serio twojego żartu i, broń Boże, nie pytaj, czy skorzystał z twojej przesyłki.

Tak więc gdy zmieniła myśl, zmienił się też jej nastrój, a parę dni później ukochany, i zakochany po uszy, zadzwonił z oświadczynami!

Do wszelkiej pracy, a więc i do tak subtelnej jak praca z uczuciami potrzebna jest wielka cierpliwość w powtarzaniu lekcji. Przy pracy wokalnej polega to na cierpliwości w śpiewaniu długich dźwięków, wykonywaniu ćwiczeń, w których głos jest używany bez gwałtu, nie jest popychany, ale za to jest naturalny, osiągany bez wysiłku, przyjemny...

Jednym ze wskaźników na doroślenie jest właśnie nauczenie się cierpliwości wobec siebie samego, czyli DZIECKA. Jest to uczucie, które rozwija się wraz z coraz większym poczuciem własnej wartości i wiary w siebie. Wszystkie inne sytuacje „rozbieganego mózgu", stu tysięcy pomysłów naraz – by żadnego z nich nie zrealizować do końca, są czystą ekspresją DZIECKA.

A. – Czy zdarzało ci się pracować z osobami „skazanymi" przez rodziców na sukces?

A.Ł. – Ludzie, którym od dzieciństwa wmawiano genialność, doznają potwornego lęku przed utratą miłości rodzicielskiej w razie gdyby nie spełnili oczekiwań. W pracy z sobą muszą nauczyć DZIECKO, że cenniejsze jest być sobą – szczęśliwym niż geniuszem, ale nieszczęśliwym! Pamiętajmy, że jeśli ktokolwiek dla swojego szczęścia akceptuje nasze nieszczęście, to znaczy, że nie nas, ale siebie samego kocha! W takich wypadkach namawiam ucznia – po pewnym okresie pracy, by sam podjął decyzję, czy wybiera ten zawód czy nie. By dojść do tego, będzie wskazane dla ucznia odsunąć rodziców na jakiś czas od jego artystycznej działalności, to znaczy **nie informować ich o tym, co robi, o sukcesach i porażkach**. Ma występować dla siebie, a nie dla rodziców. Musi nabrać do wybranego zawodu artystycznego normalnego stosunku, nie zabarwionego oczekiwaniami rodziców.

To oczywiście nie jest takie proste jak się wydaje, ale dlaczego miałoby być proste?!

List do ojca

A. – Mówisz, że polecasz uczniom napisanie listu do rodziców. Czy masz przykład takiego listu?

A.Ł. – Najlepszym przykładem byłby list Kafki do ojca. Przytoczę jednak list mojego ucznia. Napisał dwa listy, jeden do matki, drugi do ojca. Ponieważ problemy, które porusza, powtarzają się w obu listach, zacytuję obszerne fragmenty z listu do ojca.

Do Michała (tłumaczył Mariusz Tukaj)

Mam prezent gwiazdkowy dla Ciebie. Jest nim ten list. W moim życiu jest to list historyczny. Będzie on taki również dla Ciebie. Jest on też listem historycznym w moim, że się tak wyrażę, zawodzie – człowiek. Mam parę rzeczy, którymi chciałbym się z Tobą podzielić. Zwracam się do Ciebie jako syn, a także jako przyszły ojciec. Wyobraź sobie, że mam ochotę zostać pewnego dnia tatą, tak, tak! Ale wyobraź sobie też, że wcale nie mam zamiaru przekazać moim dzieciom schematów, jakie poznałem, kiedy byłem mały. Dlaczego Ci o tym piszę? Niniejszym listem chcę powiedzieć – s t o p. Zatrzymać mordercze i błędne koło, przekazywane z pokolenia na pokolenie w mojej rodzinie, tak po kądzieli, jak i po mieczu. Wraz z niniejszym listem opuszczam norę dzieciństwa i „niby-Ja", otwieram drzwi odpowiedzialności, wychodzące na hol dorosłego życia.

Miałem zasrane dzieciństwo. Nie można w tym wypadku brać pod uwagę wytłumaczenia, że inne dzieci zaznały gorszych rzeczy. Z całą pewnością mordercy, sadyści, dyktatorzy, oprawcy, pedofile, gwałciciele, wszelkiego rodzaju zwyrodnialcy, głosujący na Front Narodowy (francuska partia skrajnie prawicowa – przypis tłumacza) *i zapewne połowa planety, zaznali dzieciństwa gorszego niż moje. T y sam miałeś dzieciństwo gorsze od mojego. Nie z mojej winy. Nie jestem odpowiedzialny za dzieciństwo rodziców wszystkich nieuków świata. Natomiast będę odpowiedzialny za dzieciństwo moich dzieci, a chcę, żeby miały więcej szczęścia niż ja.*

Piszę w tym liście o tym wszystkim, o czym nie mogłem Ci powiedzieć jako dziecko. Będąc dzieckiem, byłem powodem wszelkich przykrości zdarzających się mojemu otoczeniu. „Nie należało sprawiać przykrości m a m i e, ma ich ona już tyle". Napisałem to w klozecie. I jak widać miałem zapewne wiele rzeczy do powiedzenia. Jednocześnie wydalałem całe moje poczucie winy. „To z mojej winy rodzice nie zwracają na mnie uwagi, to nie jest ich błąd, oni przecież mówią, że tak bardzo mnie kochają...". Płakałem, miałem gorączkę i pragnąłem żeby zrozumieli, że robię wszystko po to, by mi wybaczyli; od czasu do czasu mdlałem. Moje słowa wychodziły odbytem, dzisiaj gówna wylewają się z moich ust. Wkrótce będę mógł śpiewać.

W porządku. Chcesz poznać efekty mojego wieloletniego milczenia?

Częściowo z twej winy: często nie czuję się najlepiej sam z sobą, jestem wstydliwy i zarozumiały (jedno nie może być bez drugiego), jestem drażliwy; nie mam poczucia humoru, ulegam wpływom, jestem płaski, nie mam osobowości, nie stać mnie na nieskrępowany gest, nie istnieję sam przez siebie ani sam dla siebie, żyję poprzez opinie innych i wyobrażenie, jakie przekazuję na zewnątrz, szybko wycofuję się, nigdy nie pamiętam moich snów, jestem leniwy, nigdy nie kończę rozpoczętej pracy, jestem wylękniony, moje sukcesy nie dają mi żadnej satysfakcji, bez przerwy wątpię w siebie, łatwo mnie omamić, jestem sam, wystraszony, tchórzliwy, jestem maniakiem, jestem słaby, jestem egoistą, jestem perwersyjny i rozpustny, nic nie umiem zrobić moimi dziesięcioma palcami, często popadam w przygnębienie i mam tendencje do odizolowywania się. Zatem nie kocham sam siebie, nikogo nie kocham i kocham cały świat. Nie mam zaufania do siebie, zatem nie ufam nikomu i za bardzo ufam wszystkim. Nie okazuję nic osobistego przed innymi. Nie jestem sobą, ponieważ nie znam siebie samego. Jestem wymazany, przeźroczysty, jestem swym własnym odbiciem. Zawód aktora bardzo mi odpowiada, bo trzeba wejść w skórę kogoś innego. Zawsze byłem politycznie jak trzeba, ponieważ dostosowywałem się do wszystkiego bez wyrażania własnej opinii na temat tego, co przeżywałem. Podsumowując, jestem: niedojrzały, nieodpowiedzialny, nieczuły, suchy, zablokowany, wylękniony, przygnębiony i głupi. Jestem kłamliwy. Jestem podatny na wszelkie manipulacje. Bez przerwy szukam lustra w innych. N i e j e s t e m w o l n y. W cyrku przeżywałem Golgotę. Byłem potwornie sam. Pracowałem jak wół, ale nie dla siebie samego ani nie dla publiczności, pracowałem ze strachu, że źle wykonam mój numer i że nie będę kochany, że będę porzucony. Pracowałem ze względu na innych. Na scenie nie odczuwałem przyjemności. Starałem się udowodnić publiczności, zespołowi i samemu sobie, że jestem godny zagrania tej czy innej roli. Ciągle domagałem się uznania i sympatii za nieobliczalne wysiłki, na jakie się zdobywałem. Ludziom zwisało to wszystko, zanudzałem ich. Oni chcieli się zabawić. Ot i wszystko. Nie znosili mojego stanu i ja też ich nie znosiłem (...) Od czasu do czasu odwiedzali mnie kumple, rodzina i Zosia. Dzięki temu jakoś się trzymałem. Najpiękniejsza rzecz, jaka miała miejsce w ciągu tych trzech lat to fakt, że mimo odległości mój związek z Zosią rozwijał się. Poza tym byłem wyczerpany tymi wszystkimi rzeczami nie uregulowanymi, nie uświadomionymi. Mogłem pójść o wiele dalej, pracując nad problemami innymi aniżeli wyciszanie moich lęków.

W szkole (...) nauczycielka zapytała mnie – co chciałbym robić, kiedy będę duży. Odpowiedziałem jej (pewnie pamiętasz) – „kiedy będę duży, moi rodzice będą starzy i wtedy będę mógł im oddać te wszystkie klapsy, które mi dali". I oto mam 28 lat i zwracam Ci te wszystkie uderzenia, których mi nie skąpiłeś. Robię to również po to, by moje dzieci nie musiały kiedyś płacić za moje dzisiaj tchórzostwo.

Praca, jaką dziś wykonuję, ja – syn, a która mnie doprowadziła do tego listu, który wysyłam Tobie – ojcu, to coś, czego Ty nie zrobiłeś, zanim zostałeś ojcem. Masz pewnie swoje tego przyczyny, które mogę zrozumieć. A jednak jest to nie do przyjęcia. Dałeś dowód swojej niedojrzałości. Zostałeś ojcem, zanim uregulowałeś Twoje problemy syna. A były one solidne. Nie stworzyłeś w Twoim sercu miejsca dla mnie. W Twoim sercu nie było miejsca dla Ciebie samego. Dla dziecka, jakim byłeś. Nie było miejsca na miłość. Twoja walka przeciwko społeczeństwu była substytutem walki przeciwko Tobie samemu. Nie poznałeś miłości. Jakże chciałeś ją więc dać? Najpierw sobie, potem mojej matce, w końcu – mnie? Rezultat – popadłeś w panikę i odszedłeś. Daleko. Zostawiłeś mnie samego z matką niedojrzałą i pozbawioną uczucia pewności siebie, matką, która nadużywała swojej władzy i która, mimo całej swej dobrej woli i tego, co nazywała „miłością", uprowadziła mnie i zmanipulowała (...) Żyjąc z nią, nie mogłem doświadczyć tej całej graciarni wrażeń i uczuć, które winny wykuć wiedzę o mojej osobowości (...) Już jako niemowlę, a potem jako dziecko zrozumiałem, co należało robić, a czego nie należało, by „zasługiwać" na jej uczucie (...) Kiedy żyje się w epoce, gdy pigułka antykoncepcyjna jest powszechnie dostępna, a matka nie chce przerwać ciąży, oznacza to, iż pragnie mieć dziecko... Ona była młoda, dziewicza i bezbronna. Mając ojca, który ojcem nie był, moja matka oczekiwała od Ciebie, że będziesz wszechpotężnym, silnym mężczyzną, wyidealizowanym ojcem. Ty zaś, który poznałeś na własnej skórze wierzbową rózgę i nieustanne poniżanie, czekałeś tylko na to. OK. Ale w momencie kiedy miałem przyjść, trzeba było wstrzymać kłamstwa. Trzeba było wrzucić wszystkie maski do ognia. Pojęcie „rodziców" było drobnomieszczańskim archetypem wygodnym do poniżania, „ślub i zdrowie rodzinnego ogniska" zalatywały pétainizmem. Miłość była wolna. Bóg był martwy. Niech żyje rozpusta! Niech żyje rock! Niech żyje indywidualizm! W porządku, epoka chciała zniszczyć to, co stare, a Wy nie mieliście wokół Was przykładów, które mogłyby wskazać na konsekwencje rozwodu w psychice dziecka. Ale osobiście, to nie rozwód mnie irytuje, ale b r a k dojrzałości, odpowiedzialności, miłości własnej, respektu; czego daliście dowód w trakcie mojego rozwoju. Zachowaliście się jak prawdziwe dzieciaki. A Ty, który ciągle włóczyłeś się po świecie, jesteś jeszcze bardziej odpowiedzialny niż moja matka. To do Ciebie należało zaprowadzić ją w rejony odpowiedzialności. Mogliście tę pracę wykonać razem. Tak się nie stało i moja matka widziała w moich oczach swoją własną matkę i pomyliła mnie z nią, mój ojciec zaś, by nie widzieć w mych oczach swego własnego ojca, wolał uciec (...) W wieku kiedy dziecko potrzebuje być supermanem obok Supermana, ja miałem płytę pocztówkową z Wielkiej Brytanii (...) Na szczęście byli dziadkowie. To, czego mi brakowało w domu, odnajdywałem u nich. Zabawy z dziadkiem, opowieści Roberta Reportera, wtorkowe wieczory przed telewizorem, środy z Cecylią, wakacje letnie nad morzem – miłość bezwarunkowa. To mnie uratowało (...)

Rozdział II – moja młodość (...)

Okres dojrzewania to czas największych perturbacji w życiu jednostki. Robimy wszystko na największych obrotach. Wątpimy.

Jesteśmy brzydcy. Wszystko jest źle, nawet jak jest dobrze. To, czego najbardziej wtedy potrzebowałem, to dystansu w stosunku do rzeczy, a przede wszystkim zrozumienia. Nie tylko nie zastanowiłeś się, kim byłem i przed czym stawałem, ale ciągle coś było nie tak z mojej strony, czemu zawsze towarzyszyła Twoja negatywna uwaga. Zamiast być otoczony miłością, byłem negowany. Rezultat: dzisiaj mam wątpliwości, gdy tylko wyrażam moją własną opinię. Nic w tym dziwnego, że „źle opowiadam", jeśli tak często słyszałem, ***że jeśli coś nie dotyczy mnie, nic mnie to nie obchodzi*** *(...)*

To, co poznałem w dzieciństwie, nie pozwalało mi na cieszenie się zachowaniami, nazwijmy je normalnymi. Włóczyłem się z artystami z marginesu, z którymi czułem się „dobrze". A potem jak Ty mogłeś chcieć, żebym Cię zrozumiał? Niebezpieczeństwem dla mnie było stać się Tobą – ponieważ byłeś ciągle nadęty, moralizowałeś bez przerwy i tyranizowałeś (...)

Straciłem trzy lata mojego życia, kiedy chciałem być lepszy, mieć dobre oceny i powiedzieć amen Cesarzowi Michałowi, Cesarzowi Sukcesowi, Cesarzowi Korzyści, Cesarzowi pustki, zimna, ciszy. Odizolowany w podmiejskim osiedlu-sypialni, na 9 metrach kwadratowych, otoczony cierpiącymi na światłowstręt karaluchami. Nie stawał mi już nawet, kiedy chciałem się kochać. Ale gdzie byłem? Ty chciałeś, żebym był dobrze zintegrowany w integrystycznym społeczeństwie. Na szczęście pojechałem do Paryża, żeby zrobić tę „specjalizację z turystyki międzynarodowej"; na szczęście wróciłem na staż aktorski; (...) na szczęście, czekając na profesora (...) w szkole handlowej (...) zanalizowałem kompleksowość skrzyżowania, na jakim się znalazłem, i wzrok mój zatrzymał się na grobach cmentarza (...) przyległego do budynku szkoły.

To + tamto + to + tamto, czego nie wiem, spowodowało, że zrozumiałem stracony czas i konieczność pójścia w moim kierunku, a nie w kierunku tego, co via społeczeństwo mój ojciec chciał ze mnie zrobić. Począwszy od tego momentu, zacząłem żyć przy akompaniamencie tego słabiutkiego głosu, który szeptał mi do ucha słowa, które powoli przywróciły mnie do życia. Głos ten przemawia w tym liście.

Zanim skończę, chciałbym sprecyzować: dziękuję Ci za wszystko pozytywne, co dla mnie zrobiłeś (...).

Natomiast ze względu na Twoją niedojrzałość przed i w czasie mojego dzieciństwa, muszę nauczyć się uwalniać od automatyzmów, które mnie duszą i zabijają, abym w końcu mógł przejąć inicjatywę i przestać bać się przyszłości, aby ponosić konsekwencje moich opinii, moich talentów i przede wszystkim błędów, żeby nie dać się wplątywać w sprawy, które do mnie nie należą, i w końcu móc kochać – zdrowo i radośnie – moją żonę i moje dzieci; móc je wziąć w ramiona, opowiadać im historie, śpiewać z nimi, grać z nimi na instrumentach, a przede wszystkim widzieć je, jak rosną, pobudzając je, by były sobą i żeby parły w przód, kierując się pragnieniami, żeby rozwijały się szczęśliwie i na luzie.

List ten jest listem wyjaśniającym, a nie oskarżającym. Pozwala mi on położyć krzyżyk na tym wszystkim, co przeszkadzało mi być samym sobą.

W ten sposób zawieram z Tobą nową umowę: począwszy od teraz nie akceptuję żadnych krytyk mierzących w moje idee, moje uczucia lub marzenia. Począwszy od teraz nie jesteś już moim ojcem; ***to ja jestem moim własnym ojcem****. Nie pozostaje mi już teraz nic innego, jak wprowadzić w życie to, co zrozumiałem. Jeśli chcesz, abyśmy rozmawiali o przeszłości, przystaję na to, ale po twoich przeprosinach w stosunku do mojego dzieciństwa. Mam nadzieję, że zobaczymy się jak dwóch dorosłych, jeśli... Ty wydoroślejesz. Odtąd będę Cię nazywał Twoim imieniem. Pochodzi ono z hebrajskiego MI KHA EL – jest pytaniem: „któż jest jak Bóg?". Do zobaczenia wkrótce, Michał.*

Andrzej

A. – Jaka była reakcja rodziców?

A.Ł. – Matka, która sama zaczęła terapię, zadzwoniła z przeprosinami i z podziękowaniem, bo pokazała list swojemu terapeucie, który jej powiedział, że dzięki temu listowi ich praca znacznie posunie się naprzód. Ich stosunki zdecydowanie się poprawiły. Ojciec „odpowiedział" wielomiesięcznym milczeniem, potem zaczął wśród rodziny siać niepokój, mówiąc, że jego syn jest chory psychicznie. Dziwna to troska, jeżeli nie spróbował rozmawiać z „chorym" synem. Ojciec tego ucznia już dawno zerwał kontakty z całą swoją rodziną, więc i odrzucenie syna nie jest dla niego problemem. Trudniej jest Andrzejowi. Po pierwsze, okazało się, że ta reakcja jest dla niego większym ciosem, niż się spodziewał. Musiał bardzo intensywnie z sobą pracować, by dojść do ładu z poczuciem winy i obawą, że tata zrobi sobie krzywdę, i zrozumieć, że tak naprawdę nigdy w sercu taty nie było miejsca dla niego takim, jaki jest. Miał i ma być takim, jakim tata go sobie wymyślił i tylko wtedy będzie dopuszczony do łaski bliskiego kontaktu z rodzicielem! Mówiąc o tym przypadku, chcę dodać, że na początku pracy uczeń ten miał głos dziecka, czyli wysoki i do tego wyciszony, bo w domu miał być „niesłyszalny". Pracę nad głosem, ćwiczenia oddechowe i głosowe zaczęliśmy dopiero wtedy, gdy zaczął rozwiązywać swoje problemy. Po napisaniu listu do rodziców pierwszym znakiem doroślenia był głos, który stał się niższy, aczkolwiek na razie niezbyt dźwięczny. Ta praca jeszcze zajmie mu trochę czasu do momentu, gdy będzie mógł sobie pozwolić na to, by z a w s z e być słyszalnym. Dodam tu, że nie przez przypadek zaczął od pracy mima, a dopiero od niedawna używa głosu. Ćwiczenia z korkiem już dają pewne efekty, ale największa część pracy polegać będzie na wewnętrznym przyzwoleniu sobie na zaistnienie całym sobą, a więc i głosem.

Tę część pracy uczniowie wykonują sami i jedynie, gdy mają wrażenie, że nie przynosi to oczekiwanych efektów, zgłaszają się do mnie.

A. – Wspominałaś o ludziach, którym trudno jest zaakceptować sukces – szczęście. Czy możesz trochę więcej na ten temat powiedzieć?

A.Ł. – Najlepiej odpowie na to pytanie wiersz Charlesa Bukowskiego, w którym mówi, że nauczył się czuć dobrze, gdy się czuł dobrze („Czerwony Porche"). Tak, tego trzeba się nauczyć!

W każdej sytuacji stajemy przed następującym wyborem: albo damy się tej sytuacji zniszczyć, albo też wyciągniemy z niej coś interesującego dla naszego rozwoju.

A. – Czy zdarzało ci się pracować z osobami, których wiedza psychologiczna była większa od twojej?

A.Ł. – O to nietrudno, ponieważ nie uważam siebie za alfę i omegę, a więc nie spodziewam się, że wiem więcej niż inni i nie na tym opiera się moja praca. Każdy, kto przed pojawieniem się u mnie przeszedł terapię, jest w pełni „specjalistą" od swoich problemów. Zdarzyło mi się również pracować z terapeutą-psychiatrą, a także z ludźmi, których wiedza – nie tylko psychologiczna, ale i ogólna – była absolutnie nadzwyczajna, to jednak wcale nie znaczyło, że umieli oni radzić sobie z problemami, nawet jeżeli potrafili je zanalizować.

Balast wiedzy

Intelektualizacja służy... za ochronę przed zbyt emocjonalnym przeżywaniem czegokolwiek i w związku z tym przed uświadomieniem sobie konieczności jakichkolwiek zmian...

Karen Horney

Jest w nim olbrzymia pustka wypełniona po brzegi erudycją.

Można być wirtuozem fałszywej gry.

Stanisław Jerzy Lec

Osoby, które posiadły wspaniałą wiedzę ogólną i psychologiczną, są w stanie niemal każde zachowanie własne i innych naukowo wytłumaczyć, a jeśli w ich życiu nie wszystko tak się układa jak powinno, to za winnego uznają partnera. Często w ich dzieciństwie nie wolno im było czegoś nie wiedzieć i mieć złe stopnie. Dlatego też ludzie ci nie są w stanie przyznać się do błędu. Ich ogromne wysiłki bycia „jak należy" rzadko są doceniane (jak w dzieciństwie). Pierwszą propozycją pracy, jaką daję takiej osobie, to taka, by pozwoliła DZIECKU na błąd i nie przejmowała się nim. Następnie proszę, by na każdym kroku zadawała sobie pytanie: „co teraz czuję?", zamiast „co myślę?", a także by uczyła się odkrywać świat uczuć, dziecięcego zdziwienia i zachwytu.

Inaczej mówiąc, uczymy się siebie **nie z książki, ale poprzez samoobserwację.**

Chcę podkreślić, że nie lekceważę wiedzy tych osób. Chodzi natomiast o to, że mimo analizy, którą są w stanie przeprowadzić na czyjś i swój temat, nie wnikają zbyt głęboko w emocjonalną sferę problemów. Zadowalają się natomiast przyjemnością, jakiej dostarcza im poczucie, że coś nowego zaobserwowali (co w pewnym stopniu wszyscy mamy) i zachwycają się swoją bystrością, inteligencją i tym, że nadali sprawie czy zachowaniu właściwą etykietkę.

Dla przykładu opowiem o mężczyźnie, który posiadł ogromną wiedzę ogólną i psychologiczną (skutkiem przebytej, trwającej kilka lat terapii i obszernej lektury specjalistycznej).

Przyszedł rozmawiać nie o sobie, tylko o partnerce. Przez dwa spotkania rozmowa szła z trudem, gdyż on raczej monologował, a do tego używał bardzo literackiego języka, który nie zawsze (bo nie był to mój język ojczysty) był dla mnie jasny. Przed trzecim spotkaniem postanowiłam, że zaproponuję mu ćwiczenie, które przybliży go do uczuć, a oddali od filozofowania. Na propozycję ćwiczenia (nie wiedząc jeszcze, jakiego) zareagował odmową.

W myślach uznałam, że to pewnie nasze ostatnie spotkanie. Jednocześnie jednak zadając pytania-zadania doprowadziłam go do wykonania ćwiczenia. Zadanie było mniej więcej takie: „W wyobraźni zobacz siebie w wieku ośmiu lat. Co widzisz?". Najpierw odpowiedział, że nic nie pamięta z dzieciństwa, a potem zachęcony do opowiadania tego, co mu przychodzi do głowy, zaczął snuć obraz domu i rodziców. Przypomniała mu się scena, jaka miała miejsce podczas kolacji. Poprosiłam, by opowiedział o atmosferze przy stole, kto gdzie siedział, kto z kim rozmawiał, co było do jedzenia, i tu się zaczęło! Uczucia jakby wyprzedzały pamięć. Przypomniało mu się, że matka opuściła dom w złości na niego za to, że nie chciał jeść sera! Odczuł ten sam co wtedy strach przed utratą matki (miłości). A więc dotarł do DZIECKA i mogliśmy zacząć konstruktywną pracę. Zrozumiał, dlaczego woli milczeć, niż się sprzeciwić. Po jakimś czasie zaczął również (tu inteligencja się przydała) szybko rozpoznawać DZIECKO w zachowaniach swojej żony. Po trzech miesiącach pracy on i jego żona nie musieli już do mnie przychodzić.

Nie znaczy to, że nie mają już żadnych problemów, ale że mają do dyspozycji sposoby, żeby sobie z nimi radzić, a to w mojej pracy jest dla mnie najważniejsze.

Nie marnuj pozostającej ci części życia na rozmyślania o innych, jeżeli to nie ma związku z jakąś sprawą użyteczności publicznej. Zaiste bowiem zaniedbujesz innej pracy, jeżeli rozmyślasz, co i dlaczego ktoś tam robi, co mówi, czego pragnie, nad czym myśli, co planuje i o innych tym podobnych rzeczach, które odwodzą cię od pielęgnowania woli własnej.

Marek Aureliusz

Powtórzę raz jeszcze, że oczywiście rozum i logika w myśleniu są podstawą radzenia sobie z problemami. Mówię tu o intelektualizowaniu jako formie samozadowolenia, które w praktyce najczęściej sprowadza się do utworzenia kolejnej listy zakazów, a w tym rezygnowania z własnych potrzeb na rzecz „świętego spokoju" lub dla dobra partnera (bo nasze dobro, jako że jesteśmy szlachetni, schodzi na drugi plan!).

Dlatego warto zapamiętać, że nie ma sytuacji raz na zawsze zrozumianych! Podobnie jak przeczytana po latach książka ujawnia nam swoją nową treść, tak samo jest z coraz głębszymi warstwami naszych przeżyć, które ujawniają się w miarę upływu lat.

Dziecko zapamiętuje przeżycia **całym sobą**. Dlatego też są różne stopnie rozumienia jednej i tej samej sytuacji. Weźmy na przykład, już raz wspomnianą, pozornie banalną scenę, w której matka lub ojciec, reagując na odmowę dziecka w jakiejś błahej sprawie (na przykład zjedzenie szpinaku), opuszcza dom w złości, trzaskając drzwiami. Powiedzmy, że dziecko ma wtedy sześć lat. Jeśli pamięta to wydarzenie jako coś bardzo ważnego, to znaczy, że odebrało reakcję rodzica jako pozbawienie go miłości. Jeżeli do tego drugi rodzic także obwini go za to zachowanie, jego poczucie winy będzie wielkie. Na tym jednak nie koniec, bo z tej sytuacji, która na pewno miała miejsce niejeden raz, dziecko może wywnioskować, że może być akceptowanym i kochanym jedynie wtedy, gdy będzie absolutnie posłuszne, czyli – jeśli to konieczne – zapomni o swoich potrzebach i będzie za wszelką cenę odpowiadać wymaganiom bliskich osób. Istnieje też i taka możliwość, że w dorosłym życiu osoba ta będzie prowokować sytuacje, w których reakcja partnera będzie bardzo ostra i **nieadekwatna** do sytuacji.

I choć za każdym razem będzie to bolesne przeżycie, to podświadomie będzie go szukała, gdyż jest zgodne z jej zrozumieniem stosunków między nią a światem. Zaglądając do głębszych uczuć tego dziecka znajdziemy tam: nienawiść, złość, poczucie krzywdy, niesprawiedliwość, żal, smutek i wiele innych – w zależności od jego wrażliwości. Bywa, że taka osoba już jako dorosła będzie podświadomie szukała rewanżu i zrobi to samo ze swoimi dziećmi lub będzie prowokować u swojego partnera zachowania, których nielogiczność będzie mogła, ze złośliwością i gniewem, wytykać. Można by z pewnością znaleźć i inne skutki takiego, pozornie błahego wydarzenia (jeśli takie wydarzenie miało miejsce, znaczy to, że w dzieciństwie tego człowieka były inne, temu podobne, absurdalne reakcje rodziców). Dopóki jednak ten człowiek nie zrozumie tego, co się stało i nie poczuje głęboko schowanych uczuć, sama wiedza o nich nie uwolni go od powrotu refleksu. Dopiero wyjaśnienie i nauczenie DZIECKA nowego zachowania wobec tej sytuacji może dać nowe rezultaty i zdominowanie odruchu. Praca nad taką zmianą powinna odbywać się w dialogu z DZIECKIEM na głos, tak by pozwolić m u na wyrażenie uczuć. Często boimy się powrotu do głęboko schowanych uczuć, bo boimy się cierpieć. Tymczasem jeżeli **widzimy siebie jako osobę dorosłą** wobec zagubionego DZIECKA, któremu natychmiast musimy poradzić, jak postąpić w danej sytuacji, problem cierpienia znika. DZIECKO ma powody do płaczu! Ale gdy znajduje akceptację i potwierdzenie słuszności własnych uczuć, a do tego pomysł, co z tym dalej zrobić, oczywiście wtedy miejsce płaczu zajmuje ulga, a w końcu zadowolenie.

Tak więc intelektualizowanie, czyli zdobywanie wiedzy dla wiedzy, samo w sobie jest bezwartościowe.

Jedynie harmonia między teoretyczną wiedzą o życiu a prawdziwą umiejętnością życia jest sztuką samą w sobie i często zapewnia również zdrowie fizyczne.

„W zdrowym ciele zdrowy duch" mówi przysłowie. Wielokrotnie udowodniono, że zdrowie fizyczne zależne jest od psychicznego, czyli od umiejętności znajdowania sensu w tym, co nas spotyka i używaniu każdego przeżycia do własnego dalszego rozwoju. W tym celu umieszczam na końcu obszerny cytat z książki Aarona Antonovsky'ego pt. „Rozwikłanie tajemnicy zdrowia...".

A. – Od czego zaczynasz lekcję?

A.Ł – Nie mam ustalonej metody i to, od czego zaczynam pierwszą lekcję, zależy od tego, z jakim problemem czy celem zgłasza się uczeń, a także od mojego nastroju. Mimo że w dużym stopniu zdaję się na intuicję, to jednak mam już pewne stałe pytania, na przykład: czy uczeń lubi swój głos, czy lubi siebie, co robi ze swoją agresją i temu podobne. To są pytania według mnie tak istotne jak pytanie, które może postawić dermatolog: czy pacjent dobrze się czuje w swojej skórze?

Bywa, że zaczynam od postawienia pytania, co daną osobę do mnie sprowadza i czego ode mnie oczekuje. Często proszę o zaśpiewanie jakiejkolwiek piosenki a cappella, następnie omawiamy ją, to znaczy zawsze najpierw słucham, jak uczeń siebie samego ocenia, a potem dopiero dzielę się moimi uwagami. Od pierwszej lekcji przyzwyczajam ucznia do brania za siebie odpowiedzialności, uczenia się rozpoznawania swoich uczuć, słuchania swojego głosu i siebie.

A. – Znowu mówisz o emocjach a przecież chodzi tu o głos.

A.Ł – Tak, ponieważ zależy mi na tym, by głos wyrażał osobę, a więc i jej emocje. Bez umiejętności rozpoznawania stanu, w jakim się znajdujemy, nic nie można zrobić.

Życie emocjonalne – pisze Daniel Goleman – *jest dziedziną, którą można, podobnie jak czytanie czy matematykę, opanować lepiej lub gorzej, a składa się na nią zespół specjalnych umiejętności. Stopień, w jakim dana osoba opanowała te umiejętności, decyduje o tym, czy odniesie w życiu sukces czy zabrnie w ślepy zaułek; zdolność panowania nad swymi emocjami jest metazdolnością, od której zależy sposób wykorzystania przez nas pozostałych zdolności, włącznie z samym intelektem... Podstawą inteligencji emocjonalnej jest samoświadomość – rozpoznawanie uczucia w chwili, kiedy nas ogarnia. Zdolność śledzenia uczuć minuta po minucie odgrywa kluczową rolę we wglądzie w samego siebie i w samozrozumieniu. Niezdolność rozpoznania naszych prawdziwych uczuć wydaje nas na ich łaskę i niełaskę. Osoby, które orientują się w swoich uczuciach, lepiej kierują swoim życiem. Wiedzą, co naprawdę czują, kiedy podejmują różne decyzje, od tego, kogo poślubić poczynając, a na tym, jaką wybrać pracę, kończąc.*

A. – Niektóre twoje wypowiedzi, jak na przykład o niesłuszności korzystania ze wschodnich technik mogą wywołać ostre reakcje, bo jest to dyscyplina bardzo modna.

A.Ł. – *Każdy widz przynosi do teatru swoją własną akustykę* – pisał Lec.

Czytamy i zapamiętujemy to, co jesteśmy w stanie zrozumieć. Nie jestem przeciwna żadnym technikom pod warunkiem, że praktykujący w i e, kim jest i czego szuka. Jestem natomiast wrogiem wszelkich manipulacji. Technikom medytacji przypisuje się różne zbawienne wyniki. Niejednokrotnie widziałam powracających z Indii adeptów „nowych dróg do znalezienia siebie"; wystarczyło zobaczyć ich zaciśnięte szczęki, by wiedzieć, że nic im to nie dało. I ponieważ guru nie zależało na rozluźnianiu szczęki, jeszcze niejeden raz udadzą się oni w podróż do niego...

Nie mam żadnej wątpliwości, że to, co napisałam, napotka najprzeróżniejsze reakcje, od odrzucenia poprzez obojętność, do zainteresowania włącznie.

Tak naprawdę można dotrzeć tylko do tych, którzy w poszukiwaniu siebie już są na tej samej, co autor drodze, nawet jeśli są w innym jej miejscu.

Jest wiele książek psychologicznych i poradników terapeutycznych, w tym także takich, które piszą o „wewnętrznym dziecku". Z każdej z nich można się czegoś nauczyć, niemniej jednak, ponieważ większość z nich głosi przebaczenie i zapomnienie dawnych przeżyć – jako środek idealny na wyleczenie – uzyskiwane na początku efekty pracy z sobą kończą się fiaskiem. Nie wierzę w wyleczenie się ani z naszego dzieciństwa, ani z koloru oczu czy wzrostu. Wierzę natomiast w możliwość sprawnego radzenia sobie z naszym bagażem i dzięki temu tworzenia bardzo ciekawego życia.

Użyłam wielu cytatów z literatury, by pokazać, że odpowiedź na nasze pytania i problemy możemy znaleźć wszędzie, nie tylko w książkach psychologicznych, ale również w poezji, literaturze, muzyce, architekturze i innych formach ekspresji, w jakich człowiek odpowiada na najgłębsze pytania egzystencjalne. Oczywiście, by wyłowić, na przykład z książki, informacje o nas, o życiu, nie wystarczy jej przeczytać, trzeba przemyśleć jej zawartość, przedyskutować ją z sobą i z innymi, po czym dać jej czas na zinterioryzowanie się (czas odpoczynku). To nam pozwoli któregoś ranka obudzić się z nowym pomysłem na życie. Podałam wiele cytatów z Szekspira, bo wydaje mi się, że dla analizujących psychologię ludzką jest on niebywałą kopalnią wiedzy. W „Hamlecie" na przykład możemy odczytać dramatyczną, destrukcyjną władzę rodzicielską (wystarczy zanalizować manipulacje Poloniusza wobec jego dzieci – Ofelii i Laertesa) albo zasięg podświadomego przekazu, jaki zostawiają dzieciom rodzice (duch ojca Hamleta). Następny temat to złożoność ludzkiej duszy. Przypomnijmy sobie monolog króla z trzeciego aktu, scena trzecia, w którym podejmuje on nieudaną próbę modlitwy, a który jest fantastyczną analizą zbrodni, zbrodniarza i jego wewnętrznych męczarni:

...Co za los nikczemny:
Zapadać w czarne jak śmierć bagno grzechu,
Wyrywać duszę z tej grząskiej pułapki
Jedynie po to, aby grzęznąć głębiej!
...Włókna w mym sercu, stańcie się tak miękkie
Jak mięśnie niemowlęcia. Jeszcze zdążę,
Jeszcze wszystko się naprawi.

Bardzo pięknie zrealizował filmową wersję „Hamleta" Kenneth Branagh, odczytując w nim, dotąd przemilczane znaczenia. Chętnie też przypomnę filmową wersję (również K. Branagha) „Frankensteina", w której tytułowego bohatera odebrałam jako nasze alter ego albo – by pozostać bliżej mojej terminologii – jako „wewnętrzne dziecko", czyli tę część nas, która sprawia nam tyle kłopotu i której najczęściej chcielibyśmy się pozbyć, bo nas straszy, bo jest okropna. „Ojciec" po stworzeniu Frankensteina nie bierze za niego odpowiedzialności! Stworzył i już! Tymczasem „syn" (można to oczywiście odczytać jako „syn boży") upomina się: dałeś mi uczucia, a nie powiedziałeś, co z nimi robić! Poza tym jest to film o próżności ludzkiej, o manipulacjach genetycznych, o bardzo niewielkiej odpowiedzialności ludzkiej wobec własnych czynów, o braku wyobraźni i trudności wyciągania lekcji z historii. Jak już pisałam, nie tylko w lekturach specjalistycznych możemy znaleźć odpowiedź na nasze pytania.

W prawdziwej literaturze (sztuce) jest wszystko, trzeba jedynie nauczyć się czytać wnikliwie, patrzeć i widzieć – wtedy wiele dróg się oświetli i wiele myśli rozjaśni. Innym powodem podania przeze mnie wielu cytatów jest wyręczenie się innymi autorami, aby wyrazić ich słowami mój (wspólny nam) punkt widzenia, tym bardziej że czynią to o wiele lepiej ode mnie.

A. – Czy masz jakichś ulubionych terapeutów, autorów, których chętnie polecisz?

A.Ł. – Owszem. Bardzo gorąco polecam lekturę Arnolda Mindella, Alice Miller, Mosze Feldenkraisa, Elisabeth Kübler-Ross, Alexandra Lowena. W ostatniej książce żony Mindella Amy znajduję wypowiedzi, pod którymi chętnie się podpiszę, np.:

Metaumiejętności są podstawą pracy terapeutycznej. Lecz w praktyce uczucia i postawy najczęściej nie są ujawniane przez terapeutów... Niezależnie od tego, czy wyrażamy je wprost czy też nie, ukrycie własnych przeżyć w kontakcie z drugim człowiekiem nie jest możliwe. To one bowiem nadają charakter naszym kontaktom. Określają sposób, w jaki witamy się z klientami, mówimy do nich, pozycję, w jakiej siedzimy, oraz jak korzystamy z naszych technik terapeutycznych. Choćbyśmy dysponowali terapiami i umiejętnościami najwyższej klasy, użycie ich w niewłaściwy sposób przyniosłoby błędną diagnozę i szkodliwe skutki. Lekarz może ci pomóc, ale może też zaszkodzić – w zależności od tego, czy potrafi cię zrozumieć. Są ludzie, którzy przez samą swą obecność dobrze na ciebie wpływają, podczas gdy od innych chciałbyś uciekać jak najdalej.

Amy Mindell, *Metaumiejętności. O sztuce terapii.*

Metaumiejętności to właściwości emocjonalne, uzdrawiające terapeuty powodujące, że jest w stanie pomóc innym.

Praca z dziećmi

A. – Czy pracujesz z dziećmi, a jeżeli tak, to jak to wygląda?

A. Ł. – Z dziećmi pracuję najczęściej na ich prośbę. Zdarza się też, że zaprzyjaźnieni rodzice proszą mnie o porozmawianie z ich potomstwem. Gdy rozmawiam z dzieckiem, na stole zawsze leży kartka i ołówek, co pozwala dziecku, bazgrać sobie, co tylko mu przyjdzie do głowy. Wśród dzieci słynę z tego, że zadaję mnóstwo pytań. Nie wymagam natychmiastowych odpowiedzi (bo czasem to dla dziecka niemożliwe), ale chcę, żeby usłyszeli pytanie – odpowiedź sama kiedyś przyjdzie. Wielokrotnie widziałam rezultaty moich niekończących się pytań. Pamiętam, jak z dwoma ośmioletnimi chłopakami oglądaliśmy „Lassie". Jest tam scena, w której rodzice, bez porozumienia z dzieckiem, sprzedają jego psa. Chłopiec wychodząc ze szkoły widzi, że Lassie na niego nie czeka. Zrozpaczony biegnie do domu, a tam rodzice oznajmiają, że sprzedali psa, bo potrzebują pieniędzy. Chłopiec milknie, czuje bezbrzeżny smutek. W pewnym momencie matka, nie mogąc znieść jego smutnej twarzy pochylonej nad nietkniętym jedzeniem, mówi: „Nie możesz tego robić twojemu ojcu!". Przypomniałam sobie, że i ja wychowałam się na takich filmach. Trafił mnie szlag. Zatrzymałam wideo i zapytałam chłopców, czy ich zdaniem rodzice mieli rację tak postępując. Oczywiście pierwsza odpowiedź dzieci zawsze ma na celu przyznawanie racji rodzicom. Tak też było i tym razem. Zaczęłam zadawać dodatkowe pytania mówiąc, że prawdopodobnie czegoś nie zrozumiałam: „Więc to znaczy, że to był pies rodziców" – powiedziałam. „N i e! – zaprotestowali chłopcy. – To był pies ich syna". „Aha, to znaczy, że rodzice zapytali go, czy zgadza się sprzedać swojego psa?". No i rozpętała się burza. Gdy chłopcy zrozumieli, że nie stoję po stronie dorosłych, oznajmili (przekrzykując się nawzajem), że „to świństwo, że trzeba zawołać policję i wsadzić rodziców do więzienia za kradzież synowi psa i że w dodatku chcą, żeby syn miał poczucie winy z powodu smutku, jaki okazuje...". Oczywiście przyznałam, że to, co zrobili rodzice, nazywa się świństwem, że nie mieli prawa tego uczynić bez porozumienia z synkiem i powinni go za to przeprosić.

Sztuka życia

A. – Co według ciebie jest w życiu najważniejsze?

A.Ł. – Moim zdaniem, największą sztuką, jaką człowiek może opanować i stać się w niej wybitnym artystą, jest **sztuka życia**. Chodzi w niej o wiarę w siebie, o umiejętność tworzenia i rozwijania życia intymnego, uczuciowego, seksualnego (z erotyzmem na czele!) jak i naturalnie życia społecznego, zawodowego, a więc zdolności intelektualnych, poznawczych, twórczych, fizycznych i innych.

Byłoby dobrze, gdyby kobiety nauczyły się na nowo być kobietami, a mężczyźni mężczyznami. Paniom polecam przemyśleć postać Szeherezady, która nie straciła głowy (dosłownie i w przenośni) z miłości, wręcz przeciwnie, stworzyła mężowi wspaniały dom. Natomiast ci, którzy należą, z różnych przyczyn, do mniejszości społecznych, muszą pamiętać, że mogą z tego faktu skorzystać, aby rozwinąć odwagę bycia tym, kim są, i afirmować swoją tożsamości wraz z akceptowaniem faktu, że nie wszystkim ich „ja" musi się podobać.

Ważne jest mieć odwagę być sobą i budować swoje „ja" na własną odpowiedzialność, nie szukać poparcia w prawie (to często dotyczy homoseksualistów, ale nie tylko).

Są pewne decyzje, które człowiek musi podjąć i być gotowym ponieść za nie odpowiedzialność, nawet jeśli nie są one zgodne z prawem, natomiast wymaga tego sytuacja. (Na przykład: ustalone prawo do eutanazji – n i e! Własna, **ludzka,** w tym lekarska, odpowiedzialność za skrócenie komuś, na jego życzenie, męczarni – t a k! Prawo ma zapewnić każdemu bezpieczeństwo, niezależnie od jego wyznania, koloru skóry, tendencji seksualnych, a nie przykrywać czyjegoś tchórzostwa).

Trzeba nauczyć się dobierać sobie środowisko, które motywuje nas do dalszych poszukiwań i podtrzymuje w tych, już raz podjętych. Człowiek, który nie ma charakteru lub ma słaby, nie musi nad tym rozpaczać, tylko po odpowiedzi na pytanie, kim chce być i co chce osiągnąć, będzie musiał, z większą troską niż inni, otoczyć się osobami, których wpływ będzie dla niego zbawienny, a unikać jak zarazy tych, którzy są destrukcyjni.

Otaczanie się właściwymi ludźmi jest również bardzo ważne w zawodzie artysty, szczególnie aktora, śpiewaka. Artysta z racji dobrego ucha szybciej i łatwiej przyswaja sobie maniery, gesty, słowa i zachowania innych. Jeśli w naszym głosie usłyszymy kogoś, kogo lubimy lub kto jest naszym wzorem, nie ma w tym nic złego. Artyście o silnej osobowości kopiowanie innych nie grozi – wręcz przeciwnie – obcowanie z twórczością wybitnych osób jedynie może go wzbogacić. Jeśli natomiast będzie na przykład pracował z gorszymi od siebie śpiewakami, grozi mu nabycie niemiłych jemu samemu manier głosowych i będzie musiał się z tego „leczyć".

Zabierając się do rozwiązywania własnych problemów, trzeba pamiętać, że w pierwszym podświadomym odruchu szukamy idealnych rodziców, a ryzykujemy, że odnajdziemy tych, których mieliśmy naprawdę (często w osobie terapeuty, szefa w pracy, partnera), a więc trzeba bardzo uważać. Wraz ze świadomością, że rodziców już nie potrzebujemy, palące w duszy braki z dzieciństwa będziemy musieli zaspokajać sami. Temu „wewnętrznemu dziecku" trzeba będzie powtarzać, że kochamy j e bezwarunkowo i od nikogo innego takiej miłości nie może wymagać, bo nikt nic nie jest m u dłużny!

Dla treningu i lepszego kontaktu z sobą (DZIECKIEM), zadawajmy sobie jak najczęściej pytanie na temat tego, co w danym momencie czujemy! Jeśli jest to strach wyrażający się ściśniętą i często drżącą szczęką, wtedy „bierzemy DZIECKO za rękę", oddychamy przez usta, rozluźniamy szczękę i prowadzimy maleństwo tam, gdzie się boi pójść, obiecując m u obronę i opiekę.

A. – Gdzie jest, twoim zdaniem, źródło najgłębszych cierpień?

A.Ł. – Należy go szukać w niepowodzeniach w życiu intymnym, w poczuciu nieprzydatności, ułomności, niezdolności do bycia kochanym i gdy się jest wyrzuconym na margines życia na przykład z powodu starości.

W konfliktach małżeńskich, które są częstym dramatem ludzkim, bardzo wyraźnie widać, kiedy włącza się DZIECKO. Na przykład weźmy kobietę, która widzi rozstanie z mężem jako jedyne rozwiązanie konfliktu małżeńskiego. Gdy oddzieli DZIECKO od siebie – dorosłej kobiety – otworzy tym sposobem wiele nowych rozwiązań. Zrozumie też, że jeśli informacje, które przekazywała mężowi, do niego nie docierały, to dlatego, że w tonacji jej głosu było wściekłe na **ojca** DZIECKO. To bardzo częsty przypadek, gdy DZIECKO korzysta z okazji, by udowodnić, że z n o w u nie zostało zrozumiane, szanowane i kochane. Oczywiście w tych scenach sprowokowany mąż nieświadomie przywołuje do życia swoje „wewnętrzne dziecko" i w ten oto sposób nic **nowego między nimi** nie może się wydarzyć. Natomiast ta sama kobieta po rozpoznaniu reakcji z dzieciństwa, pracując nad zrozumieniem tego, co to DZIECKO chciało w tym momencie wyrazić, będzie mogła m u wytłumaczyć, dlaczego ta sytuacja jest inna od tamtej z dzieciństwa, i zatrzymać „odruch psa Pawłowa". Następnie zada sobie pytanie, co chce osiągnąć w tej konkretnej sprawie z mężem i znajdzie właściwą drogę do zrealizowania swoich życzeń. Naturalnie podobnie jest we wszystkich innych sytuacjach, w które angażujemy się emocjonalnie. Będę wielokrotnie podkreślać, że każde zaniedbanie DZIECKA kończy się natychmiastowym powrotem do punktu wyjścia! Taką tendencję, zresztą dziecinną, mamy zawsze, gdy sprawy toczą się dobrze. Zapominamy wtedy, że to DZIECKO nie przestało być skaleczonym lub uczulonym na zaniedbywanie j e dzieckiem. Zapominanie o n i m grozi tym, że zrobi sobie krzywdę! To chyba Jack London miał bardzo trafne powiedzonko: *Uważaj, wszedłeś sobie na nogę*. Jak wiemy z doświadczenia, dramat czy choroba są najskuteczniejszymi sposobami przyciągania uwagi mamy i taty. Z tych metod korzysta nieustannie to „wewnętrzne dziecko", a więc trzeba uważać i najlepiej nauczyć się prowadzić dialog z nim codziennie i podnosić poprzeczkę, dając m u coraz to nowe zadania do wykonania. Nie wolno natomiast g o lekceważyć! Tak jak każdy człowiek może nauczyć się śpiewać – choć nie każdy może być artystą – tak każdy może się nauczyć żyć, choć i w tym wypadku nie każdy będzie w tej dziedzinie artystą. W dzisiejszych czasach raczej przeżywamy życie, zamiast żyć je świadomie, pewnie dlatego tak trudno jest umierać. Nieświadome życie daje nam okazję do wielu rodzajów śmierci, zanim przyjdzie ta definitywna. Tak oto wszelka rutyna jest śmiercią, podobnie jak otępiałość, „nieprzemakalność" uczuciowa a – jak pisze Mosze Feldenkrais – każda sztywność, czy to fizyczna czy mentalna, jest przeciwna prawom natury.

Pamiętajmy o ludziach, których z powodu choroby lub starości wyrzuciliśmy na margines, zadając im socjalną śmierć. Bywa też, że człowiek umarł dla swojego otoczenia, bo zbiedniał. Notabene wyrzucenie śmierci z naszych domów jest tragiczne w konsekwencjach, gdyż nie daje poczucia upływającego czasu. Jedynie spotkanie ze starością, nieudolnością i śmiercią daje nam jasny obraz bezlitosnego przemijania czasu i w związku z tym świadomość unikalności każdego dnia. A pieniądz, któremu daliśmy miejsce Wszechmogącego zadaje człowieczeństwu powolną, niezauważalną, ale bezlitosną śmierć.

Żyć, umiejąc zarobić na swoje potrzeby, to zupełnie co innego niż wrażenie życia i jego wartości wyliczanej w pieniądzu.

Nie ma wątpliwości, że aby przestać cierpieć i zacząć pogodniejsze życie, trzeba umieć opanować (a nie schować) odruchy z dzieciństwa.

A. – Co w pracy z DZIECKIEM uważasz za najważniejsze?

A.Ł. – Przede wszystkim pokochanie tego okaleczonego, często alergicznego na wszelki sukces DZIECKA. Mówienie do n i e g o na głos! Tylko tak można j e „zaprogramować" na inne niż dotąd funkcjonowanie. Mówienie w głowie i „do siebie", a nie do DZIECKA nie daje oczekiwanych efektów, gdyż utrudnia jasne widzenie problemu. Podobnie Pan Bóg, dopóki nie **powiedział** słowa, nie wiedział, jak to, co miał w głowie, wygląda (w przeciwnym razie byłoby napisane w Biblii, że Bóg pomyślał słowo i słowo stało się ciałem).

Najczęstszą drogą wiodącą do rozpoznania problemu, zablokowania czy bólu jest zanalizowanie uczucia, które w danym momencie odczuwamy. Podam przykład tego, jak ujawnienie emocji prowadzi nas natychmiast do źródła problemu, a więc najczęściej do dzieciństwa. Po którymś moim recitalu dla młodzieży zgłosił się do mnie czternastoletni chłopiec, ze łzą w oku dziękując mi za ballady Okudżawy, które śpiewałam po rosyjsku. Zapytałam, czy zna język, okazało się, że nie. Spytałam, jakie uczucie wywołały w nim te ballady.

– *Smutku* – odparł.

– *A czy jest to znane ci uczucie?* – zapytałam.

– *Nie wiem, chyba tak* – odrzekł. Zaczęłam pytać o szkołę i okazało się, że ma problemy w mówieniu przed klasą, nawet jeśli zna temat. Zareagowałam na to stwierdzeniem, że pewnie nie ma wiary w siebie. Potwierdził.

– *Masz pewnie też, w związku z tym, poczucie bezsilności, no i wściekłości*? – Niechętnie, ale potwierdził. Zaczęłam pytać o dom mówiąc, że podejrzewam, iż tak głębokie poczucie zagubienia i smutku musiał poznać już dawno temu. Zaprzeczył i szybko dodał, że mama jest troskliwa i bardzo go kocha.

– *A tata?* – zapytałam. Tata zmarł, gdy miał rok.

– *Co zrobiłeś ze złością na tatę za jego odejście?* – rzuciłam.

– *To przecież nie jego wina* – wzruszył ramionami.

– *To prawda* – zgodziłam się – *ale skąd ty to miałeś wiedzieć? – A czy mama o tym z tobą rozmawiała, czy byłeś spokojnym dzieckiem?*

– *Niestety nie* – padła odpowiedź.

– *No to jak myślisz, co zrobiłeś ze złością?*

– *Jeszcze nikt tak ze mną nie rozmawiał* – mruknął. – *To prawda, że jestem bardzo agresywny, ale najczęściej się hamuję* – dodał.

– *A może, by nie krzywdzić innych, kierujesz tę złość na siebie?*

– *Chyba tak* – odpowiedział – *bardzo często siebie nienawidzę.*

– *A nie myślisz, że powinien być ktoś, kto umiałby ci pomóc radzić sobie z tymi uczuciami?*

– *Ale mama ma bardzo trudną sytuację i nie ma czasu* – przypomniał. W oczach miał łzy.

– *Czy teraz odczuwasz ten sam co na koncercie smutek?*

– *Tak* – przyznał.

Jeszcze chwilę rozmawialiśmy. Starałam się wyjaśnić mu, że nie ponosi winy za swoje uczucia i że ma do nich pełne prawo. Poprosiłam, żeby wyobraził sobie siebie jako malutkiego chłopca, i zapytałam, co by zrobił, gdyby był ojcem tego chłopczyka.

– *Wziąłbym go w ramiona i przytulił* – odpowiedział.

– *To zrób to i zajmij się nim, bo on tego bardzo potrzebuje* – zaproponowałam. Na koniec spotkania dodałam, że gdyby nie dał sobie rady z sobą i jeżeli mama nie odegra swojej roli, będzie musiał poszukać w życiu kogoś, kto mu pomoże znaleźć drogę do siebie i uwolnić się od poczucia winy za uczucia, które mają powód w nim być.

Tu mam ochotę przypomnieć bajkę o Dżinie (ładnie zanalizował ją Mindell), w której chłopiec za to, że uwolnił Dżina z butelki, miał być przez niego zamordowany. Nie mając szansy na fizyczne pokonanie potwora, odwołał się do swojej inteligencji i sprytu, czym spowodował, że Dżin wszedł z powrotem do butelki, by udowodnić, że z niej wyszedł. Następnym razem chłopiec wypuścił olbrzyma z butelki, ale dopiero po otrzymaniu od niego obietnicy, że w zamian za odzyskaną wolność stanie się jego sługą i obrońcą. Otóż z jednej strony, co podkreśla Mindell, **nie wolno, bez przygotowania**, wypuścić „naszego Dżina" (czyli nasze dawno i głęboko schowane przeżycia) na wolność, bo on może nas zabić. (Stąd też tyle ludzi intuicyjnie boi się zajrzeć w głąb siebie). Można natomiast i trzeba to zrobić, ale bardzo rozważnie, dowierzając swojej inteligencji i sprytowi, czyli swojej dorosłości. Dodałabym, że tenże Dżin jest właśnie naszym „wewnętrznym dzieckiem", które przez fakt, że to, czego się w dzieciństwie uczyło, uczyło się całym sobą, bezkrytycznie i jak dzieciom tylko wypada, żyło z tym przez wiele lat i stworzyło wewnętrznego olbrzyma. A więc j e g o obecność w naszym życiu i możność wpływu na bieg wydarzeń jest **potężna** i nie należy tego lekceważyć, bo może to nas kosztować życie. Olbrzym ten może nas zabić, ale może też być źródłem twórczych, szalonych pomysłów. Choć nasza dorosłość jest często młodsza od DZIECKA, dysponujemy jednak inteligencją, sprytem i inną, niż tą, nabytą w domu wiedzą, dzięki czemu możemy nie tylko ujarzmić DZIECIĘ, ale również spowodować, by nam służyło.

Najboleśniejszą i najkosztowniejszą emigracją jest wyemigrowanie daleko od samego siebie, od swoich najprawdziwszych potrzeb i marzeń, po czym wkładanie na siebie coraz to innej maski, aż do kompletnego zagubienia się. Chyba i wrogom tego nie życzę.

Uczuć i odczuć nie można podawać w wątpliwość. Nie można na przykład powiedzieć komuś, że to niemożliwe, żeby w taką ładną pogodę bolała go głowa, tak jak nie można też powiedzieć komuś, kto wyznaje nam miłość, że to nieprawda, że kocha. Tak naprawdę jesteśmy w stanie mówić jedynie o sobie, a więc na przykład możemy powiedzieć: *nie wierzę* lub *nie czuję się kochana (y).*

W układaniu nowych, zdrowych stosunków z rodziną musimy przede wszystkim wiedzieć, czego szukamy w danym kontakcie. Jak już wielokrotnie pisałam, nie trzeba czekać, aż ktoś nas zrozumie, tylko jasno wyrażać własne życzenia i opinie. Od momentu kiedy wzięliśmy na siebie odpowiedzialność (bo **w pracy z sobą jest nieustannie mowa o samoświadomości i odpowiedzialności**) za nasze życie, czekanie na to, żeby ktoś coś dla nas zrobił, nie ma sensu.

Wszyscy w pewnym momencie naszego życia stawiamy sobie hamletowe pytania:

Być albo nie być
Kto postępuje godniej: ten, kto biernie
Stoi pod gradem zajadłych strzał losu,
Czy ten, kto stawia opór morzu nieszczęść
I w walce kładzie im kres?

W odpowiedzi na te pytania kryje się sekret naszych sukcesów czy klęsk.

Mam świadomość, że rezultaty mojej pracy polegają nie tyle na metodzie (zresztą nie nazwałabym tego, co robię, metodą), ile na mojej osobowości, toteż nie dadzą się bezmyślnie przenieść na jakikolwiek teren jako cudowne leki. Nie wyrażam żadnych prawd ostatecznych, spisałam jedynie moje przemyślenia i doświadczenia z myślą, że pobudzą parę osób do własnej refleksji, bo, jak powiedział Johann Wolfgang Goethe: *Wszystko, co inteligentne, już było pomyślane, trzeba tylko pomyśleć to raz jeszcze.*

Podzieliłam się tu pomysłami, które wielu osobom pomogły stanąć na własnych nogach, ale uważam, że wartość tych sprowadza się jedynie do otwarcia się na inny niż tradycyjny punkt widzenia pracy z sobą i pomagania innym. Wierzę, że metod pracy z głosem i z sobą jest wiele i nie należy niczego kurczowo się trzymać, natomiast trzeba rozwijać własną myśl poprzez coraz precyzyjniejsze pytania na temat celu wykonywanej pracy. Czasy, w których żyjemy, są bardzo trudne i można łatwiej niż kiedyś się w nich zgubić. Nie pomoże przedłużana współczesnymi osiągnięciami medycyny egzystencja, gdyż sama w sobie nie jest odpowiedzią na udane życie.

...Ten mały czas – między „dziś" a „jutro", między niezrozumiałą historią a niewyobrażalną przyszłością – przynosi coraz więcej cierpienia i trwogi. Odwieczne pytanie, „co będzie po śmierci", ustępuje przeżywanemu równie boleśnie pytaniu, „co będzie w poniedziałek" ...Ta trwoga musi być coraz silniejsza, skoro żyjemy w epoce wielkiego bałaganu, w gęstniejącej pojęciowej chmurze, przez którą niewiele widać.

To może być cenne, korzystne, dobre. Ale ta mgła istnieje i budzi w nas trwogę.

Krzysztof Michalski

A. – A jakbyś nazwała twoją pracę, bo przecież nie są to tylko lekcje śpiewu?

A.Ł. – W większości wypadków są to lekcje śpiewu, połączone z tak zwanym przez Amerykanów *life coaching*, co przetłumaczyłabym jako „nauczanie życia" albo raczej trenowanie nowych wzorców postępowania, radzenia sobie z sobą i z konfliktami, pokazywanie nowych dróg, sposobów myślenia i innego oceniania znanych nam sytuacji.

A jak już niejednokrotnie wyjaśniałam, bez użycia głosu niewiele da się osiągnąć.

To, jak człowiek mówi i oddycha, informuje nas o jego postawie życiowej.

Praca terapeutyczna i psychologiczna bez elementu pedagogicznego według mnie nie ma sensu. A właśnie częsty brak nauczania nowych zachowań na seansach terapeutycznych powoduje nieskuteczność terapii.

A. – Czy twoim zdaniem każdy nauczyciel śpiewu powinien być psychologiem?

A.Ł. – Najlepiej, gdyby tak właśnie było, ale jeśli nie jest to możliwe, wtedy powinien współpracować z terapeutą. Pamiętam wypowiedź słynnego onkologa francuskiego, który na pytanie, czy pielęgniarki na tym oddziale powinny uczyć się psychologii, odpowiedział, że jeżeli się z tym nie urodziły, to niech zmienią zawód.

A. – Czy zawsze problemy z głosem wskazują na problemy psychologiczne?

A.Ł. – Oczywiście, że nie. Nie wszystkie problemy głosowe są spowodowane problemami natury psychicznej, mogą być również wynikiem zaburzeń hormonalnych, ale tymi, w tej książce, się nie zajmuję.

A. – Jaka jest twoja definicja wolności?

A.Ł. – Wolnością nazywam umiejętność dokonania prawdziwego wyboru. Gdy w wymienionych przykładach pokazuję, jak się będzie zachowywał konkretny człowiek (naśladując wzorzec z dzieciństwa lub działając całkowicie na odwrót przez opozycję do modelu), chcę przy tym pokazać, że w obu sytuacjach dana osoba nie jest wolna, bo to, co wydaje jej się wyborem, jest jedynie nieświadomym powtarzaniem („przebranym" za decyzję) znanego wzorca. Wolnością w wyborze będzie znalezienie trzeciej możliwości, czyli całkiem innego, nowego modelu – oczywiście po odpowiedzi na pytanie czego szukamy w życiu. Wybór jest możliwy po uprzednim zweryfikowaniu otrzymanych od rodziny danych o nas samych. Wybór dotyczy wszystkich dziedzin życia. Jeżeli pochodzimy z rodziny religijnej, możemy poznając inne religie dokonać wyboru, czy religia naszych rodziców pozostanie naszą czy ją zmienimy i dlaczego. Podobnie jest z narzuconym przez rodziców zawodem. W dorosłym wieku trzeba odpowiedzieć sobie na pytanie, czy będę kontynuować ten zawód czy nie i dlaczego. Podobne pytania dotyczą miejsca zamieszkania, doboru partnera, sposobów załatwiania różnych konfliktów, walki o własne miejsce itd. Na wszystko warto wypracować sobie własny model lub świadomie pozostać przy starym, po uprzednim wypróbowaniu innych zachowań, dzięki czemu wybór staje się prawdziwym wyborem.

Dobrze jest zdać sobie sprawę z faktu, że nie musimy być przez wszystkich lubiani (pokaż mi twoich wrogów, a powiem ci, kim jesteś) i nie każdemu, kto domaga się pomocy, należy pomóc, mam tu na myśli ludzi, którzy całe życie czekają na to, by ktoś im pomógł, nie zdając sobie sprawy z tego, że w tym czekaniu są DZIEĆMI, które chcą, by rodzice zauważyli ich trudną sytuację i cierpienie. Tę postawę odnajdziemy z łatwością u osób, które mają wieczny problem ze znalezieniem pracy i oczywiście domagają się od wszystkich znajomych pomocy. Ten, kto im tej pomocy udzieli, skaże się w ten sposób na kontynuowanie jej, ponieważ nieopatrznie wziął na siebie rolę rodzica. Naturalnie taki związek zawsze kończy się źle, bo pomagający poczuje, że udzielana przez niego pomoc jest traktowana tak, jakby była jego obowiązkiem, a nie dobrą wolą. Tego typu potrzebujących pomocy ludzi też raczej należy unikać.

Przypominam, że praca z sobą powinna dostarczać wiele radości mimo spotkań z towarzyszącymi jej wieloma bolesnymi uczuciami. Tak jak artysta, śpiewając utwory dramatyczne, angażując się w nie, powinien jednocześnie odczuwać przyjemność z samego faktu śpiewania niezależnie od tragizmu przeżyć, które przekazuje. Tak w pracy z sobą trzeba nauczyć się znajdować w niej przyjemność, zdobywać się na trochę humoru i autoironii. Wielokrotnie udowodniono, że śmiech to zdrowie. Tak też, gdy rozpoznajemy w sobie jakieś niezbyt przez nas lubiane zachowanie rodziców, nie należy się za to karcić i przyjmować dramatycznej miny opatrzonej komentarzem „znowu zrobiłam (em) to samo", warto natomiast uśmiechnąć się do siebie (na boku duszy, nie zakłócając istniejącej pomiędzy nią a ciałem harmonii), i puścić oko do siebie lub do DZIECKA, z pełnym zrozumieniem sytuacji. Potem należy radośnie naprawić co się da lub podjąć na przyszłość konkretne decyzje. Każda właściwie zrozumiana sytuacja daje w konsekwencji słuszne decyzje i jest przez ten sam fakt pożyteczna i radosna. Jedną z podstawowych rzeczy do nauczenia się w pracy z sobą jest znajdowanie przyjemności w przebywaniu samemu z sobą – z DZIECKIEM, chwalenie g o, gratulowanie m u przy każdej najmniejszej wygranej. Do tego dochodzi coraz większa przyjemność w obserwacji siebie i innych, a także otaczającego świata, który dostarcza na co dzień powodów do zachwytu.

W każdej sytuacji mamy do wyboru, czy damy się jej zniszczyć czy wyciągniemy z niej coś dla nas interesującego.

ROZDZIAŁ VI

Moja mała filozofia w punktach

Jedynie lektura samego siebie, tej wiecznie piszącej się książki życia, otwiera przed nami, jak za zaklęciem, drzwi do skarbca świata z jego literaturą i sztuką oraz staje się pożywieniem, które pozwala nam kontynuować ruch do przodu. Świat staje się wtedy przejrzysty, przystępniejszy – a nasze w nim miejsce pewniejsze. Podobnie jak w baśniach do otworzenia drzwi do skarbca potrzebne jest słowo-zaklęcie, które – jeśli jest właściwe – staje się „ciałem". W obecnym świecie nieustającej paplaniny zapomnieliśmy o potędze słowa, a przecież każdy z nas był niejednokrotnie zraniony słowem, wywiedziony w pole, zaprowadzony na wojnę, wmieszany w konflikt czy podniesiony na duchu. Ileż to można zrobić „dobrym" czy „złym" słowem lub brakiem słowa, czyli milczeniem, które zawsze jest równoznaczne z zadaniem bólu. Wszystko, co ma zaistnieć, opiera się na słowie (wyobraźmy sobie niemego polityka!). Wola i właściwe, „magiczne" słowo otwierają wrota ciekawego, a więc bogatego życia. Tego magicznego słowa należy szukać we własnej intuicji i w „wewnętrznym głosie", jest to zajęcie na całe życie.

Zatem:

- ❑ Nauczmy się kochać nas samych, a potem kochać innych ludzi takimi, jakimi są, w pierwszej kolejności (jeśli to możliwe) rodziców, „rozbierając ich" z naszych marzeń.
- ❑ Pamiętajmy, że na jedność składają się przynajmniej dwa elementy, to znaczy nic nie istnieje bez swojego kontrastu, przeci-

wieństwa: dzień–noc; dobro–zło; ciepło–zimno; radość–smutek i tak dalej. Łatwiej przeżyć „czarną noc" wiedząc, że tuż za progiem szykuje się dzień i odwrotnie.

- By balon mógł unieść się wyżej, trzeba wyrzucić z niego część bagażu. Aby to zrobić, musimy dobrze znać jego zawartość. Uwalnianie się od zablokowanych uczuć otwiera miejsce na nowe, milsze duszy uczucia. Po zwierzeniu się komuś zaufanemu ze swoich demonów człowiek, jak balon, staje się lżejszy, jeśli uprzednio uwolnił się od poczucia winy za tak zwane niedozwolone uczucia.
- Wszystko, co nas spotyka, jest jedynie doświadczeniem.
- Zniszczyć jest łatwiej, niż zbudować. Niszczenie to pierwszy odruch dziecka na niepowodzenie.
- Szukajmy przyjemności w budowaniu, kreowaniu i przyzwyczajajmy się do ceny, którą trzeba zapłacić za każde bogactwo, na przykład za wolność i inność.
- Wiedza to władza. Wiedza o sobie to władza nad sobą.
- Być świadomym siebie i swoich wyborów znaczy być wolnym.
- Być uczciwym wobec samego siebie.
- Nauczmy się własnego języka i używajmy precyzyjnych terminów. Na przykład: zamiast, jak to stało się modne, mówić, że czujemy złą lub dobrą energię, powiedzmy, że w tym miejscu lub z daną osobą czujemy się źle lub dobrze, jesteśmy rozluźnieni lub napięci.

  Gdy pracowałam z kobietą – ofiarą sekty, precyzyjność języka była jednym z głównych elementów pracy. Ona nie mówiła inaczej niż o energiach dobrych lub złych, chętnie używała słowa o n i, nie umiejąc powiedzieć, o kogo chodzi, słuchała medytacyjnej muzyki itp. Między innymi, a raczej przede wszystkim, **powrót do języka konkretu** pozwolił jej poczuć grunt pod nogami.
- Nauczmy się pracować nad własnym rozwojem w wyobraźni i na głos. Gdy DZIECKO zbyt doskwiera, należy zabronić mu ciągłego „czytania pamiętnika z dzieciństwa".
- Zamieniajmy słabość w siłę. Jeśli zjada nas wstydliwość, zwierzmy się z niej osobie, która nas onieśmiela. Podobnie jest ze strachem i innymi uczuciami.
- Nie bierzmy się zbyt na serio – to znaczy, że gdy rozpoznajemy w naszym odruchu DZIECKO, nie dramatyzujmy i nie złośćmy

się na siebie, a raczej z ciepłą miłością i dystansem popatrzmy na to, co się dzieje, i zareagujmy jak przystało na dorosłego człowieka.
Jeśli to się nie udaje, zamiast wściekać się, będziemy musieli zrozumieć, że sprawa jest poważniejsza niż w pierwszej chwili nam się wydawało.

- Zanim nie nabierzemy dystansu do konkretnej sytuacji, nie możemy tak naprawdę zdecydować, czy jest ona dobra czy zła.
- Każde przeżycie ma sens, nawet jeśli nie od razu go widzimy, bo jest informacją o miejscu, w jakim się znajdujemy, o naszych możliwościach. Inaczej mówiąc, pozwala nam zweryfikować wizję nas samych.
- Chrońmy dzieci przed brakiem przykładu. Jeśli nie umiemy im pokazać, jak radzić sobie z życiem, trzeba się do tego przyznać i znaleźć dla nich kogoś, kto im pomoże.
- Rodzicom nie wolno żartować z dzieci. Dzieci wobec bliskich (rodziców) nie mają poczucia humoru!
- Nie zniechęcajmy się do siebie, jeśli po raz kolejny wpadamy w pułapkę naszej przeszłości.
- Zaczynajmy dzień od chwalenia się przed lustrem, czyli inaczej mówiąc od deklaracji miłości. W tym też odrobina serdecznego humoru się przyda. Na przykład kobieta przed lustrem, chwaląc się za urodę, może się „programować" mówiąc, że wydziela feromony i że w związku z tym wszystkie męskie spojrzenia kierują się na nią. (W tej pracy zawsze używamy czasu teraźniejszego!). A jeszcze lepiej jest to wszystko wyśpiewać.
- Pamiętajmy, że jedynie dzień dzisiejszy istnieje i że nic nie trwa wiecznie. Próby zatrzymywania szczęśliwych chwil są wyrazem strachu przed brakiem umiejętności rozwinięcia tych cudownych przeżyć w coś jeszcze głębszego i wartościowszego. Jednocześnie próby takie, jako wyraz braku wiary w siebie i w partnera, są początkiem smutnego scenariusza nadchodzącej przegranej i cierpień. Trzeba na te ciągoty do nieszczęść bardzo uważać.
- Gdy podejmujemy prawdziwie ważną decyzję, pamiętajmy, że życie zweryfikuje, czy faktycznie jest ona słuszna. Każdy z nas przeżył sytuacje, w których na przykład postanowił coś zrobić wyłącznie dla siebie, odciąć się od świata na chwilę,

odnaleźć się i wtedy jak na złość pojawiają się wszelkie tak oczekiwane wcześniej możliwości, na przykład pracy lub inne. Nie muszę dodawać, że to, co nazywa się w religii pokusą, jest jedynie sprawdzianem naszej świadomości i wartości naszych decyzji. Dotrzymanie danego sobie i innym słowa zawsze przyniesie korzyści, a strach, że coś nam ucieka sprzed nosa, jest w dalszym ciągu dziecięcym odruchem bulimii. Takie sytuacje są okazją do nauczenia się podejmowania decyzji i ponoszenia ich konsekwencji. To pozwoli łatwiej wyłączać telefon komórkowy bez obawy, że jakaś niebywała oferta ucieknie nam sprzed nosa, a jeżeli nawet – to co? To też może mieć swój smak.

- ❑ Jeśli prawdą jest, co głoszą neodarwiniści, że człowiek nie jest żadną z góry przemyślaną kreacją ani celem ewolucji i że jesteśmy jedynie rezultatem przypadkowych układów genetycznych, musimy tym bardziej świadomie tworzyć nasze życie, czyli być autorem siebie samych. Jakiekolwiek więc byłyby najnowsze teorie o pochodzeniu życia i człowieka, jesteśmy skazani (lub mamy szansę) na wykreowanie siebie samych.

Reasumując, powinniśmy być twórcami każdego dnia naszego życia, pamiętając z pokorą, że zawsze twórczość wymyka się twórcy i nigdy efekt końcowy nie jest dokładnie taki, jak chcieliśmy, a czasem wynik jest wręcz odwrotny (bywa, że lepszy) od tego wymarzonego.

To już opowiedziano nam w Biblii.

Aby poznać siebie i innych, trzeba zadawać sobie i innym pytania i nie zadowalać się pierwszą odpowiedzią, ale iść jak najdalej w głąb siebie.

Częste rozczarowanie wynikami naszego działania jest naturalnym odruchem i przy właściwej filozofii życiowej okazuje się czymś krótkotrwałym i nie zniechęca do dalszych prób. (Nie myślę, że słuszne jest ratowanie się potopem jako reakcją na nieudane dzieło. Nie wszystkie przykłady są do naśladowania!).

Powtórzę za mędrcami Wschodu, że wszystko jest tylko doświadczeniem, okazją do lepszego zrozumienia siebie samego i do nauczenia się większej sprawności w adaptacji wobec nieprzewidzianych okoliczności.

Do przemyślenia

Człowiek współczesny przechodzi w życiu przez wiele nieskoordynowanych wzajemnie, często rozbieżnych, czasem sprzecznych światów społecznych. Co więcej, w każdym momencie życia człowiek zamieszkuje jednocześnie kilka takich rozbieżnych światów.

W rezultacie jest „wykorzeniony" z każdego z nich i nie jest „u siebie" w żadnym. Można go nazwać „obcym uniwersalnym". Chciałoby się powiedzieć, że jest on „w pełni u siebie" tylko sam na sam z sobą... Zresztą takie „bycie u siebie" jest wysoce problematyczne. Można je osiągnąć, jeśli w ogóle, tylko drogą przewlekłego i trudnego wysiłku... To na jaźń spada teraz niemożliwe do wykonania zadanie odbudowy utraconej integralności świata, bo o to przecież w końcu idzie w samotnym wysiłku budowania na własną rękę własnej tożsamości, której niegdyś dostarczała w stanie półgotowym wspólnota.

Zygmunt Bauman

Możny upada – każdy go opuszcza;
Nędzarz się wznosi – dawnych wrogów tłuszcza
Wkrótce mu schlebia. Gdy Fortuna sprzyja,
Przyjaciół nigdy nie brak; lecz niczyja
przyjaźń nie wesprze cię, gdy jesteś na dnie...

William Szekspir

Czy można zostać rozgrzeszonym, jeśli
Nadal korzysta się z owoców grzechu?
W zepsutym ludzkim świecie bywa nieraz,
Że ręka zbrodni, obciążona złotem,
Umie odsunąć z drogi sprawiedliwość;
Sam łup z grabieży pozwala złoczyńcy
przekupić prawo. Ale nie tam w górze!...

William Szekspir

O pożądaniu

Nie pożądaj bogactw, których nie umiałbyś uczynić owocnymi.
Nie pieść kobiety, która nie będzie mogła oddać się tobie.
Nie zrywaj jabłka granatu, które zdaje ci się najpiękniejszym.
Przyspieszaj swój bieg ku temu, co zda ci się być mamidłem:
możesz znaleźć rzeczywistość.

autor anonimowy z X wieku, tłum. Leopold. Staff

Zdobycie każdej wiadomości jest zawsze pożyteczne dla umysłu, gdyż będzie on mógł wygnać z siebie rzeczy nieużyteczne, a zachować dobre. Bo nie można żadnej rzeczy kochać ni nienawidzić, jeśli się jej wprzód nie poznało.

Leonardo da Vinci

Kobietą się nie rodzi, kobietą się staje

Simone de Beauvoir

Nasze niespokojne myśli stają się samospełniającymi się proroctwami, popychają nas ku katastrofie, która stanowi ich treść... Emocje, nad którymi tracimy kontrolę, upośledzają zdolność myślenia.

Daniel Goleman

Dzieciństwo jest tym, co nam się przydarzy. Nieodwracalny i ponadczasowy, los dzieciństwa jest dzieciństwem losu. Śmierć dzieciństwa jest już dzieciństwem śmierci. Tej chwili, która – wreszcie – nada pełny sens życiu. I dzieciństwu, ścigającemu nas przez całe życie.

Roberto Salvadori

Wódź mnie na pokuszenie
chcę poznać granice swoich słabości dalej
chcę poznać Człowieka któremu towarzyszę
Jak mogę mieć przyjaciół nie pojmując Hioba?

Emanuel Łastik

Cyrk

Zobacz, twoje pragnienie zawisło na trapezie.
Klown jest także tobą i oswojony tygrys,
który prosi o litość, kogoś ci przypomina.
Nawet tandetna muzyka
podoba ci się; zdaje się
że zaczynasz się godzić
ze swoją epoką (skoro wszyscy,
dlaczego nie ja? – mówisz).
Czemu jednak namiot cyrku
wzniesiono na dawnym cmentarzu?

Adam Zagajewski

Tchórz wiele razy umiera, nim umrze;
Człowiek waleczny kona tylko raz.
Ze wszystkich dziwów, o jakich słyszałem,
Najbardziej zawsze zdumiewał mnie jeden:
Że ludzie boją się śmierci, choć wiedzą,
iż nadejść musi i prędzej czy później
Nadejdzie.

...W ludzkim życiu
Trafia się morski prąd, który żeglarza
Niesie ku wielkim zyskom; prąd przegapić –
To utkwić dziobem na resztę żywota
W mieliznach nędzy.

Szekspir („Juliusz Cezar")

...Sposób przeżywania seksualności odciska piętno na człowieku i formuje jego osobowość bardziej niż idee, ideały, aspiracje, teorie, wiara...

Yeshayahou Leibovitz

Tylko osoby w pełni dojrzałe mentalnie, emocjonalnie, fizycznie i społecznie mogą się wzajemnie dostosować tak, by uczynić z aktu seksualnego przyjemność emocjonalną, fizyczną i estetyczną, wspólnie stworzoną i jednakowo przeżytą.

Mosze Feldenkrais

Mądrego człowieka wiedzie los wielce zawiłym szlakiem;
Raz jakże ciężko naprzód iść, raz prosto i bez trudu;
Niekiedy nader lotna myśl sama się wlewa w słowa,
A kiedy indziej wiedzy skarb w milczeniu zamknąć trzeba.
Lecz kiedy ludzi bliskich dwóch jest jednym w głębi serca,
Nawet żelaza, spiżu moc skruszyć się przy nich musi;
A kiedy ludzi bliskich dwóch rozumie się w swym sercu,
Ich słowa słodkie, mocne są jak zapach orchidei.

Wybudujcie ze swych wyobrażeń sadybę na pustkowiu, zanim zaczniecie wznosić dom wśród murów miasta.

Albowiem tak jak wracacie o zmierzchu do domu, tak też powraca ten wędrowiec w was, zawsze daleki i samotny.

Wasz dom jest waszym poszerzonym ciałem...

Khalil Gibran

Nie jest w naturze człowieka iść ciągle naprzód, ma ona swoje przypływy i odpływy...

Myśl stanowi wielkość człowieka.

Przypadek sprzyja tylko umysłom już przygotowanym.

Blaise Pascal

...Myślenie o myśleniu oznacza, że możliwa staje się prawdziwa introspekcja. Przed okiem wyobraźni po raz pierwszy otwiera się wewnętrzny świat; psychologiczna przestrzeń staje się

nowym i ekscytującym obszarem. W głowie tańczą wizje i po raz pierwszy nie pochodzą one z zewnętrznej natury, od mitycznego boga czy od zwykłych ludzi, ale w jakiś niezwykły i cudowny sposób powstają z głosu wewnętrznego.

Ken Wilber

Uczę się patrzeć. Tak zaczynam. Trudno mi jeszcze. Ale chcę czas swój wyzyskać. Że też na przykład nigdy nie uświadomiłem sobie, ile istnieje twarzy. Jest moc ludzi, ale jeszcze znacznie więcej twarzy, bo każdy ma kilka. Są ludzie, co jedną twarz noszą latami, naturalnie twarz się zużywa, brudzi, łamie w bruzdach, rozłazi się jak rękawiczki noszone w podróży. To są ludzie oszczędni, prości; nie zmieniają twarzy, nawet jej nie każą czyścić. Twierdzą, że jest dość dobra, a kto im dowiedzie, że jest inaczej? Pytanie, oczywiście, skoro mają kilka twarzy, co czynią z pozostałymi? Przechowują je. Ich dzieci mają je nosić. Ale zdarza się także, iż psy chadzają w nich po dworze. Dlaczegóż by nie? Twarz to twarz.

Inni ludzie niesamowicie szybko nakładają twarze, jedną po drugiej i zużywają je. Wydaje im się zrazu, że zapas im starczy na zawsze, ale zaledwie dochodzą do czterdziestki: oto już ostatnia. Jest w tym oczywiście pewien tragizm. Nie przywykli do oszczędzania twarzy, ostatnia po tygodniu jest zużyta, dziurawa, w wielu miejscach cienka jak papier – i oto potem stopniowo wychodzi na wierzch podkład, ta nie-twarz i z nią się obnoszą.

Rainer Maria Rilke

Kiedy się nie ma charakteru, trzeba sobie wypracować metodę.

...Niech nas Bóg broni (...), żeby przyjaciele cenili nas zbyt wysoko! Jeśli idzie o tych, którzy z urzędu powinni nas kochać, mówię o krewnych i spowinowaconych (cóż za określenie!), to już inna śpiewka. Mają właściwe słowo, ale to jest słowo – pocisk; telefonują tak, jak się strzela z karabinu. I dobrze celują. Ach, zdrajcy!

Albert Camus

Od ludzi ucieka zwykle ten, kto ukrywa się przed samym sobą...

Icchok Lejbusz Perec

Jedną z ciekawszych myśli współczesnej filozofii jest taka, że pojęcia czasu i indywidualnej odpowiedzialności nie dadzą się od siebie oddzielić. To jest zapewne bardzo nieprzyjemne, lecz – jeżeli nie istnieje żadna historyczna konieczność – ja sam jestem odpowiedzialny za to, co się stanie.

Krzysztof Michalski

...To my decydujemy o tempie przemian, o tym, jak często świat wokół nas ma umierać. Mówiliśmy, że demokracja, która dziś stanowi dominujący mechanizm organizowania społeczeństw, ma w sobie zakodowaną rosnącą akceptację dla różnorodności. Taki jest nasz wybór. A rosnąca różnorodność oznacza także rosnące tempo przemian i nasilenie nieprzewidywalności. W ten sposób sami tworzymy kurtyny dzielące nasze życie. W takim sensie odpowiedź zawsze należy do ludzi... Zawsze są prawdy i nieprawdy. Są dobre i złe wybory. Znaczy to, że nie ma ucieczki przed ryzykiem wyboru i osobistą odpowiedzialnością za to, jakie się wybrało wartości... Zdrowe społeczeństwo żyje w stałym napięciu między wyborem a ucieczką, grozą i rozrywką, trwogą i narkotykiem. Każda próba eliminowania tego napięcia zamiast leczyć chorobę, pogarsza stan pacjenta.

Krzysztof Michalski

Pamiętaj, że jest cechą wolności zarówno zmienić zdanie, jak i pójść za zdaniem człowieka prowadzącego na drogę prostą. Twoją bowiem pozostaje własnością działanie w myśl twego własnego popędu i osądu, a wreszcie dochodzące do skutku według twego własnego rozumu.

Marek Aureliusz

...nie podawaj ręki pierwszym lepszym
Nieopierzonym chłystkom. Strzeż się zwady,
Ale gdy do niej dojdzie, niech przeciwnik
Ciebie się strzeże. Wysłuchuj każdego,
Mów do niewielu...

William Szekspir

...Zupełnie niezdolny byłem do miłości. Miłość została mi odebrana na zawsze i od samego zarania, ale nie wiem, czy to dlatego, że nie umiałem znaleźć na nią formy, właściwego wyrazu, czy też nie miałem jej w sobie. Nie było jej, czy ją w sobie zdusiłem? A może matka mi ją zabiła?

Witold Gombrowicz

Przywarli do siebie tak blisko, że nie było już miejsca na żadne uczucia.

Ale, dzięki Bogu, jest jeszcze szatan.

Racjonalizacja: żyjemy coraz dłużej i coraz mniej.

Czasem są takie cisze, że słychać wokół wewnętrzne głosy ludzi.

Czasem zjawia się Myśl nie zastając Człowieka, istnieje nie pomyślana albo eksploduje jako bezmyślny czyn.

Czy jeśli ludożerca je widelcem i nożem – to postęp?

Bezmyślność zabija. Innych.

Wiele rzeczy, które nie mogą przejść przez gardło, ma się na końcu języka.

Kat występuje zazwyczaj w masce – sprawiedliwości.

Stanisław Jerzy Lec

Nie wiem, czy Prawa, które nami rządzą,
Mają chwalone być czy potępione;
Ale od dawna zamknięty w więzieniu,
Wiem już, że mury są tu niewzruszone;
Że miażdżą lata – z dni takich złożone...
I wiem to jeszcze – i tak bardzo chciałbym,
Aby każdemu stało się to znane –
Że wszystkie, wszystkie na świecie więzienia
Zostały z cegieł Hańby zbudowane;

Że kraty są po to, by Chrystus nie mógł
Wejrzeć na męki ludziom zadawane.
Kraty są po to, aby księżyc kryły
I aby dobroć słońca hamowały,
I aby Piekło – które dla bliźniego
Zbudował bliźni – ściśle ogradzały...

Oscar Wilde

Lecz ja znam – i ogół zna – zwykłą
Prawdę, jasną nawet dla dzieci:
Ci, którym wyrządza się zło,
Sami zło wyrządzają w odwecie.

Wystan Hugh Auden

Samotność – cóż po ludziach, czym śpiewak dla ludzi?
gdzie człowiek, co z mej pieśni całą myśl wysłucha,
Obejmie okiem wszystkie promienie jej ducha?
Nieszczęsny, kto dla ludzi głos i język trudzi:
Język kłamie głosowi, a głos myślom kłamie;
Myśl z duszy leci bystro, nim się w słowach złamie,
A słowa myśl pochłoną i tak drżą nad myślą,
Jak ziemia nad połkniętą, niewidzialną rzeką.
Z drżenia ziemi czyż ludzie głąb nurtów dociekną,
Gdzie pędzi, czy się domyślą?

Adam Mickiewicz

...i nie przebaczaj zaiste nie w twojej mocy
przebaczać w imieniu tych których zdradzono o świcie
strzeż się jednak dumy niepotrzebnej
oglądaj w lustrze swą błazeńską twarz
powtarzaj: zostałem powołany – czyż nie było lepszych
strzeż się oschłości serca kochaj źródło zaranne
ptaka o nieznanym imieniu dąb zimowy
światło na murze splendor nieba
one nie potrzebują twego ciepłego oddechu
są po to aby mówić: nikt cię nie pocieszy

czuwaj – kiedy światło na górach daje znak – wstań i idź
dopóki krew obraca w piersi twoją ciemną gwiazdę
powtarzaj stare zaklęcia ludzkości bajki i legendy
bo tak zdobędziesz dobro którego nie zdobędziesz
powtarzaj wielkie słowa powtarzaj je z uporem
jak ci co szli przez pustynię i ginęli w piasku
a nagrodzą cię za to tym co mają pod ręką
chłostą śmiechu zabójstwem na śmietniku
idź bo tylko tak będziesz przyjęty do grona zimnych czaszek
do grona twoich przodków: Gilgamesza Hektora Rolanda
obrońców królestwa bez kresu i miasta popiołów

Bądź wierny Idź

Zbigniew Herbert

...Ale jakkolwiek szalony byłby ten nasz „nowy, wspaniały świat", ci, co go formują, to wcale nie idioci. Więc kim są ci ludzie? Dlaczego dysponują tak niewiarygodną władzą, że zmuszają nas do życia w królestwie absurdu? Chociaż stojący za nimi tłum to wciąż ci sami ludzie, którzy maszerowali w pochodach popierających jednostronnie rozbrojenie w początkach lat osiemdziesiątych. Gdzie jest to nowe Biuro Polityczne, które teraz tym tłumem kieruje? Żeby nie popełnić błędu: żyjemy obecnie w okresie drugiej zimnej wojny, pod rządami nowej formacji stosujących przemoc utopistów, którzy dążą do zmiany naszej kultury, do kierowania naszym zachowaniem i – w końcu – naszymi myślami... Te same metody, ten sam styl, często nawet znajome twarze! Jedyną nowością jest ich „nowomowa": „kulturalna różnorodność", „poprawność polityczna", „prawa do reprodukcji". Jak to pięknie brzmi! A przy tym – totalitarna istota nowej ideologii jest zupełnie oczywista, a narzędzia nieuchronnie te same: represje, propaganda, cenzura. Jesteśmy świadkami zmasowanego, frontalnego ataku na podstawy naszej cywilizacji, która została uznana za kulturę „martwych białych Europejczyków". Jeśli ten atak się powiedzie, cofniemy się do średniowiecza. Albo jeszcze gorzej. W minionych czasach Shakespeare mógł przynajmniej zupełnie swobodnie pisać i wystawiać swoje dramaty. Dzisiaj większość jego dzieł byłaby zakazana jako „politycznie niepoprawna";

„Otello" – z powodu rasizmu, „Poskromienie złośnicy" – z powodu mizoginii, a „Romeo i Julia" – według wypowiedzi postępowej brytyjskiej nauczycielki, która odmówiła zaprowadzenia swoich wychowanków na ten spektakl – jako „prymitywny heteroseksualny spektakl".

Władimir Bukowski

Świat stworzony jest wyłącznie ze spotkań.

Nic nie jest potężniejsze od przeszłości.

Jean d'Ormesson

...Słyszenie własnej mowy („s'entendre-parler") jest samopobudzeniem całkiem wyjątkowego typu... To samopobudzenie jest niewątpliwie możliwością tego, co nosi miano „subiektywności" lub „dla siebie"; bez niego jednak żaden świat nie pojawiłby się „jako taki". Zakłada ono bowiem w swej głębi jedność dźwięku (który jest w świecie) i „phone" (w sensie fenomenologicznym). Obiektywnie nauka „światowa" nie może zapewne niczego nas nauczyć o istocie głosu. Ale jedność dźwięku i głosu, to, co pozwala tej jedności wytworzyć się w świecie w formie czystego samopobudzenia, jest jedyną instalacją, jaka wymyka się rozróżnieniu na wewnątrz-światowość i transcendentalność, i która zarazem je umożliwia.

Ta właśnie uniwersalność sprawia, że strukturalnie i na mocy swego prawa żadna świadomość nie jest możliwa bez głosu. Głos jest byciem przy sobie w formie uniwersalności jako świadomość (con-science). Głos „jest" świadomością.

Jacques Derrida

Kto wątpi w siebie, jest zgubiony, tak jak ten, kto obawiając się porażki w miłości, rzeczywiście ją ponosi.

Claudio Magris „Dunaj"

Sygnały często służą do przekazów o charakterze erotycznym. Natężenie głosu samca informuje o tym, gdzie się znajduje, mówi o jego wieku i stopniu pobudzenia. Głos ludzki zawiera również zadziwiającą liczbę sygnałów. Po wysłuchaniu jednego zdania przez telefon wiemy, z kim mamy do czynienia: znamy płeć rozmówcy, wiek, poziom kultury, nastrój, w jakim się znajduje – orientujemy się, czy jest agresywny, przygnębiony czy też nastrojony erotycznie, możemy określić jego przynależność społeczną.

Odkąd małżeństwo z miłości stało się wartością kulturową, dochodzi do głosu nie tyle struktura społeczna, co osobista. Kiedy rodzice prowokowali kontakt swych dzieci, wzmacniali grupę. Kiedy o doborze partnera decyduje miłość, ułatwia to powstanie nerwic...

Miłość od pierwszego wejrzenia wcale nie jest konieczna. Większość par obywa się bez niej i mimo wszystko się kocha. Małżeństwo z miłości nie jest zbyt częste... większość par dobiera się z przyczyn psychospołecznych, co nie oznacza, że emocja związana z pierwszymi spotkaniami nie wytwarza silnego uczucia, które niektórzy nazywają miłością...

Bez względu na rodzaj kultury, rodzina pozostaje terenem przemocy... Rodzina, ta oaza bezpieczeństwa, jest jednocześnie terenem skrajnej przemocy.

Bliskość uczuciowa nie dopuszcza więc do powstania zwyczaju, wydając ciało na pastwę każdego gestu, każdego słowa, każdego wyrazu emocji. W świecie istot żyjących najdoskonalsze przekazy uczuciowe odbywają się wewnątrz gatunku.

Żadna informacja sensoryczna nie jest w stanie powstrzymać agresji człowieka, którego wyobrażenie o innym pełne jest nienawiści. Człowiek ten reaguje na swe wyobrażenia, a nie na realne percepcje. Dlatego rasiści są w stanie unicestwić dzieci znienawidzonej przez siebie rasy z poczuciem dobrze spełnionego obowiązku...

U człowieka wyobrażenie świata może istnieć poza wszelką percepcją, podczas gdy u zwierzęcia oba procesy są ze sobą związane... Z całą pewnością fakt, że żyjemy w świecie wyobrażeń, powoduje, iż mamy skłonności zarówno do przemocy, jak i do kultury...

Zwierzęta nie są brutalne, o ile procesy biologiczne są zrównoważone. Ludzie natomiast używają przemocy, ponieważ chcą mieć możliwość wyeliminowania tych, którzy żyją w świecie innych wyobrażeń. Brak zwyczaju prowadzi do chaosu, podczas gdy jego hegemonia doprowadza do destrukcji innych, co sprowadza obie formy przemocy do jednego.

Żebym mógł się urodzić, trzeba było dwojga rodziców, z których każde miało dwoje rodziców, którzy również mieli dwoje rodziców. Co oznacza, że cztery pokolenia wstecz trzeba było, żebym mógł się urodzić, 2x2x2x2=16 dziadków... Można w ten sposób wyliczyć, że około roku 1200, czyli z grubsza biorąc za czasów św. Ludwika, który żył 33 pokolenia przed nami, każdy z nas miał ponad osiem miliardów przodków! 8-miliardów przodków, żeby mnie wyprodukowano!

Boris Cyrulnik, *Anatomia uczuć*

Pojęcie samokontroli emocjonalnej nie oznacza wypierania się prawdziwych uczuć ani tłumienia ich. „Zły nastrój" też może być pożyteczny: złość, smutek, strach mogą stać się źródłami twórczości, napełnić nas energią i zbliżyć do innych. Złość może być źródłem silnej motywacji, zwłaszcza wtedy, kiedy wypływa z dążenia do naprawienia niesprawiedliwości czy usunięcia nierówności. Wspólny smutek może łączyć ludzi. Zrodzona z niepokoju pilna potrzeba zrobienia czegoś może natchnąć nas twórczym duchem.

Samokontroli nie należy mylić z nadmiernym panowaniem nad sobą, z tłumieniem wszystkich uczuć i spontaniczności. W istocie rzeczy za takie nadmierne kontrolowanie się płacimy zdrowiem fizycznym i psychicznym. Osoby, które tłumią swoje uczucia, zwłaszcza negatywne, mają przyspieszony rytm serca, co jest oznaką dużego napięcia. Jeśli emocjonalne wypieranie przybiera postać chroniczną, może upośledzać myślenie, przeszkadzać w osiągnięciach intelektualnych i kłaść się cieniem na naszych stosunkach z innymi.

Natomiast kompetencja emocjonalna daje nam wybór co do sposobu wyrażania uczuć. Taka finezja emocjonalna staje się szczególnie ważna w czasach globalizacji gospodarki, ponieważ reguły wyrażania emocji są różne w różnych krajach.

Daniel Goleman, *Inteligencja emocjonalna w praktyce*

Słowo, które zostało odebrane, zaakceptowane, a nie poddane przy tym przeróbce hermeneutycznej, jest podobne do kradzieży. Słowo musi być ***naszym*** *słowem, a nie słowem należącym do innego: „słowem mówiącym", a nie „mówionym".*

Kiedy słowo do nas nie należy, jesteśmy mówieni, jak gdyby to ktoś inny mówił w nas, słowem demonicznym...

Czytanie, jako interpretacja, nie małpuje znaczenia, tylko je puszcza w ruch. Co znaczy, że nie istnieje możliwość pełnego zawłaszczenia; dłoń nie może zamknąć książki, aby z niej uczynić ***podręcznik.***

Książka to spotkanie pomiędzy człowiekiem i książką, spotkanie między znaczeniem i Sobą, dynamika dialektyczna między jednym a drugim.

Czytanie stanowi spotkanie miedzy dwiema subiektywnościami, czytelnika oraz autora, którzy się wzajem wzbogacają.

Istota ludzka, która nie jest w stanie wytworzyć nowych form egzystencji, podpisuje swój własny nakaz aresztowania.

Marc-Alain Ouaknine, *Bibliothérapie*

Autorka poleca między innymi

M. Barbereux-Parry: *Vocal resonance* (Source and command), Christopher Publishing House 1979

Kristin Linklater: *Freeing the natural voice,* Drama Book Publishers 1976

C. Berry: *Voice and the actor.* Macmillan Publishing Company 1973

B. Reid: *Voice: Psyche and soma*, Joseph Patelson Music House 1975

A.E. Aronson: *Troubles cliniques de la voix*, Masson, Paris 1983

Marafioti: *Caruso's method of voice production,* Dover Publication, Inc. F.

le Huche et A. Allali: *La voix* (3-éme volume) Masson, Paris 1989

Arnold Mindell: *O pracy ze śniącym ciałem: praktyka psychologii zorientowanej na proces,* „Pusty Obłok", Warszawa 1991

Aaron Antonovsky: *Rozwikłanie tajemnicy zdrowia; jak radzić sobie ze stresem i nie zachorować,* Fundacja IPN, Warszawa 1995

C Simonton, M.D., S.-Matthews-Simonton: „Getting well again", New York, Bantam 1978

James L. Creighton: *Getting well again*

Daniel Goleman: *Inteligencja emocjonalna,* Media Rodzina of Poznań, Poznań 1997

Wiesław Romanowski: *Teoria i metodyka ćwiczeń relaksowo-koncentrujących,* PZWL 1975

Alice Miller: *Pamięć wyzwolona,* Jacek Santorski & CO Ag. Wydaw., Warszawa 1995

Mosze Feldenkrais: *The Potent self a guide to spontaneity,* Haper & Row, Publishers

Alexander Lowen: wszystkie prace

Boris Cyrulnik: *Sous le signe du lien*, Paris, Hachette 1989 *Anatomia uczuć,* WAB 1997

Ken Wilber: *The marriage of sense and soul*, Random House

I. Fonagy: *La vive voix. Essais de psycho-phonetique*, Editions Payot 1991

Marc-Alain Ouaknine: *Bibliothérapie,* Editions du Seuil 1994

Księga z tysiąca i jednej nocy, PIW, Warszawa 1996

Paulo Coelho: *Alchemik,* „Drzewo Babel", Warszawa 1995

Rainer Maria Rilke: *Malte: pamiętniki Malte Lauridsa Brige,* „Pavo", Warszawa 1993

Khalil Gibran: *Prorok,* Wyd. Salezjańskie, Warszawa 1993

Henry Miller: *Kolos z Maroussi,* Noir sur Blanc, Warszawa 1999

Yeshayahou Leibovitz: wszystkie prace

Antoine Saint-Exupéry: *Mały książę,* Nasza Księgarnia, Warszawa 1998

Anne Moir i David Jessel: *Płeć mózgu,* PIW, Warszawa 1999

Georges Ifrah: *Dzieje liczby czyli Historia wielkiego wynalazku,* Zakł. Nar. Ossol., Wrocław 1990

Histoire universelle des chiffres, 2 tomes Robert Laffont, Paris 1994

Stanisław Lem: *Eseje*

Tajemnica chińskiego pokoju, Universitas 1996

Bomba megabajtowa, Wydawnictwo Literackie 1999

Władimir Bukowski: *Moskiewski proces,* Świat Książki „Politeja", Warszawa 1999

Michel del Castillo: *De pére français*

Stanisław Jerzy Lec: *Myśli nieuczesane,* Universitas, Kraków 1998

Zygmunt Bauman: *Wieloznaczność nowoczesna, nowoczesność wieloznaczna...,* Wyd. Nauk. PWN, Warszawa 1995

Roberto Salvadori: *Włoskie dzieciństwo,* Zeszyty Literackie 2001

Lista ta mogłaby być o wiele dłuższa, ale chodzi mi głównie o to, by Czytelnik lepiej mnie poznał, a przez to lepiej zrozumiał. Dla wyrażenia uczuć nigdy nie ma dosyć słów, zawsze jakaś ich część wymyka się werbalizacji, konkretowi, toteż najlepiej o nich mówi muzyka. Każdy z nas inaczej wyraża swoje uczucia lub odnajduje je w czymś innym. Według mnie na przykład, o tym, co to jest kokieteria, szał, orgazm, pożądanie, gra miłosna, smutek, gonitwa, zabawa i sto innych odczuć, mówią między innymi: Koncert fortepianowy Szostakowicza op. 35, w wykonaniu Marty Argerich, „Requiem" Mozarta z – między innymi – Sheilą Armstrong, Fischer-Dieskau pod batutą Daniela Barenboima (nagranie z 1972 r.) albo „For Ruth" w wykonaniu duetu Stan Getz i Kenny Barron. Oczywiście każdy ma swoje ulubione utwory muzyczne czy literackie, które ożywiają w nim głębokie, często bardzo intymne uczucia, wspomnienia. Podając tych parę przykładów chciałam przybliżyć czytającemu moje gusty.

Podziękowania

Chciałabym podziękować tym wszystkim, którzy obdarzyli mnie zaufaniem, a więc tym, którzy powierzyli mi na chwilę ich „wewnętrzne dziecko". To przede wszystkim dla nich napisałam tę „ściągawkę". Jednocześnie gdyby nie moi przyjaciele, którzy już od dawna namawiali mnie do pisania i walczyli z moją odpowiedzią – „to już wiele razy było napisane i lepiej", być może nigdy tak naprawdę nie wzięłabym się do pracy. Chcę również i sobie złożyć gratulacje za to, że tym razem wobec samej siebie byłam prawdziwą matką i wtedy, gdy (po raz kolejny) miałam mało pracy zarobkowej, co normalnie powoduje potworną panikę, wzięłam „małą" na rozmowę i zdecydowałam, że ma się wziąć do innej pracy, zamiast c z e k a ć. I proszę – oto rezultat.

Chcę również złożyć specjalne podziękowanie tym wszystkim, którzy zechcieli udzielić mi swoich uwag na temat treści, a szczególnie: Mariuszowi Tukajowi i Beacie Łobodziec za cierpliwość w robieniu korekt kolejnych wersji mojej książki, Jerzemu Stankiewiczowi za podpowiedzenie kilku lektur i doktor Alicji Komorowskiej za wsparcie i współpracę.

Mam także dług wdzięczności wobec Stacji Naukowej Polskiej Akademii Nauk w Paryżu, a przede wszystkim wobec Adama Gałkowskiego, który hojnie udostępniał mi komputer.

Autorami przekładów książek nie tłumaczonych na język polski i listów są m.in.: Mariusz Tukaj, Marcin Latałło i Piotr Biłos.

Autorka

Aneta Łastik

Audiobook

Poznaj swój głos

Cena 19,90 (1 płyta CD)

Głównym celem książki „Poznaj swój głos" jest zwrócenie uwagi na problemy związane z głosem, z jego kształtowaniem i, co za tym idzie, z kształtowaniem naszej osobowości. Bo głos i jego „właściciel" to jedno i to samo. Gdy mamy problemy z głosem– mamy problemy z sobą. Dobre podręczniki metodyczne o tym wspominają, ale się tym nie zajmują. Autorka właśnie na ten problem kładzie szczególny akcent, choćby dlatego, że ci, którzy nie lubią swojego głosu, najczęściej nie lubią też samych siebie.
Nagrana osobiście przez autorkę wersja „audio" jest skróconą wersją książki, jej kwintesencją.

ZAMÓW KSIĄŻKI NA www.studioemka.com.pl

WYDAWNICTWO Studio Emka

. Królowej Aldony 6/2a | 03–928 Warszawa | tel./fax: 022 628–08–38, 022 616 00 67

Aneta Łastik
Wewnętrzne dziecko
WYDAWNICTWO
Studio
Emka